DESENVOLVIMENTO INFANTIL

Revisão técnica:
Joelma Guimarães
Mestra em Educação
Especialista em Administração, Supervisão e Orientação Escolar
Especialista em Educação Infantil
Pedagoga

L732d   Lima, Caroline Costa Nunes.
        Desenvolvimento infantil / Caroline Costa Nunes Lima, Tiago Cortinaz e Alex Ribeiro Nunes ; revisão técnica: Joelma Guimarães. – Porto Alegre : SAGAH, 2023

        ISBN 978-65-5690-351-4

        1. Psicologia infantil – Desenvolvimento. I. Cortinaz, Tiago. II. Nunes, Alex Ribeiro. III. Título.

        CDU 159.92-053.2

Catalogação na publicação: Mônica Ballejo Canto – CRB 10/1023

DESENVOLVIMENTO INFANTIL

Caroline Costa Nunes Lima
Graduada em Licenciatura em Pedagogia
Graduada em Licenciatura em Letras Português e Literaturas
Especialista em Língua Portuguesa e Literaturas
Especialista em Planejamento, Implementação e Gestão em EaD

Tiago Cortinaz
Graduado em Licenciatura em Pedagogia
Mestre em Educação

Alex Ribeiro Nunes
Graduado em Pedagogia
Especialista em Educação
Mestre em Educação
Pós-graduado em Psicopedagogia e em Gênero e Diversidade na Escola

Porto Alegre
2023

© SAGAH EDUCAÇÃO S.A., 2023

Gerente editorial: *Arysinha Affonso*

Colaboraram nesta edição:
Editora responsável: *Carolina R. Ourique*
Assistente editorial: *Cecília Eger*
Preparação de originais: *Marina L. Waquil*
Capa: *Paola Manica | Brand&Book*
Editoração: *Kaéle Finalizando Ideias*

Importante
Os links para sites da Web fornecidos neste livro foram todos testados, e seu funcionamento foi comprovado no momento da publicação do material. No entanto, a rede é extremamente dinâmica; suas páginas estão constantemente mudando de local e conteúdo. Assim, os editores declaram não ter qualquer responsabilidade sobre qualidade, precisão ou integralidade das informações referidas em tais links.

Reservados todos os direitos de publicação à
SAGAH EDUCAÇÃO S.A., uma empresa do GRUPO A EDUCAÇÃO S.A.

Rua Ernesto Alves, 150 – Bairro Floresta
90220-190 – Porto Alegre – RS
Fone: (51) 3027-7000

SAC 0800 703-3444 – www.grupoa.com.br

É proibida a duplicação ou reprodução deste volume, no todo ou em parte, sob quaisquer formas ou por quaisquer meios (eletrônico, mecânico, gravação, fotocópia, distribuição na Web e outros), sem permissão expressa da Editora.

IMPRESSO NO BRASIL
PRINTED IN BRAZIL

SUMÁRIO

Histórico e conceito de psicologia do desenvolvimento 9
Tiago Cortinaz
   O conceito de psicologia do desenvolvimento 10
   Histórico da psicologia do desenvolvimento 12
   Desafios atuais da psicologia do desenvolvimento 15

**Objetivos e métodos de estudo da psicologia
do desenvolvimento 19**
Tiago Cortinaz
   Objetivos da psicologia do desenvolvimento 19
   Métodos de estudo da psicologia do desenvolvimento 21
   Principais procedimentos metodológicos utilizados na
      psicologia do desenvolvimento: observações e entrevistas 23

**Desenvolvimento humano: infância,
adolescência e vida adulta 27**
Tiago Cortinaz
   As influências do desenvolvimento humano na constituição
      de vida dos indivíduos 27
   As escolas psicológicas e os conceitos do desenvolvimento 28
   O desenvolvimento humano 30

Principais teorias do desenvolvimento humano 39
Tiago Cortinaz
   Teorias behavioristas: Watson e Skinner 39
   Teorias cognitivistas: Vygotsky e Piaget 41
   Teorias psicanalíticas: Freud e Erikson 45

**Gravidez e vida intrauterina: a formação do bebê
e o conceito de infância 51**
Caroline Costa Nunes Lima
   As principais caraterísticas da formação intrauterina do feto:
      o desenvolvimento pré-natal 52
   As principais características emocionais do feto na vida intrauterina 56
   A importância do vínculo entre mãe e bebê na fase intrauterina 59

Desenvolvimento biopsicossocial na 1ª infância (0-2 anos) 63
Caroline Costa Nunes Lima
Desenvolvimento biopsicossocial de crianças de 0 a 2 anos 63
Desenvolvimento cognitivo de crianças de 0 a 2 anos 68
Desenvolvimento motor de crianças de 0 a 2 anos 71

Desenvolvimento biopsicossocial e cognitivo na 2ª infância (3-6 anos) 77
Caroline Costa Nunes Lima
O desenvolvimento biopsicossocial na faixa etária de 3 a 6 anos de idade..............77
O desenvolvimento cognitivo de crianças de 3 a 6 anos 79
O desenvolvimento motor de crianças entre 3 e 6 anos 83

Desenvolvimento biopsicossocial e cognitivo na 3ª infância (7-11 anos) 87
Caroline Costa Nunes Lima
Características do desenvolvimento biopsicossocial e cognitivo: 7 a 11 anos 87
O desenvolvimento cognitivo de crianças de 7 a 11 anos......................................90
O desenvolvimento motor nas crianças de 7 a 11 anos 93

Histórico do atendimento clínico com crianças 97
Alex Ribeiro Nunes
Aspectos históricos do atendimento clínico com crianças 98
Aspectos relevantes do atendimento clínico com crianças 101
Os desafios do atendimento clínico com crianças 104

Principais teorias da clínica infantil 109
Alex Ribeiro Nunes
Abordagens teóricas da clínica infantil 110
As teorias e os atendimentos da psicoterapia e da psicanálise 112
As teorias da clínica infantil: os desafios 114

Desenvolvimento da criança na escola: aspectos físicos, emocionais e cognitivos 119
Caroline Costa Nunes Lima
A escola e o desenvolvimento infantil 119
O desenvolvimento físico, emocional e cognitivo escolar 121
Psicologia do desenvolvimento e educação 123

A importância do vínculo no desenvolvimento da criança 129
Caroline Costa Nunes Lima
Os vínculos afetivos materno e paterno na formação da criança 130
Teoria do apego 134
Estrutura, configurações e sistemas familiares contemporâneos 138

A clínica infantil na contemporaneidade 141
Alex Ribeiro Nunes
- Os avanços da clínica infantil na história 142
- A clínica infantil no atual contexto histórico, social e econômico 145
- A clínica infantil na contemporaneidade: algumas distinções 147

O amadurecimento da infância: início da adolescência 151
Alex Ribeiro Nunes
- Sobre o conceito de criança 151
- O conceito de adolescência 153
- Da infância para a adolescência: a escola e as escolhas 156

Histórico e conceito de psicologia do desenvolvimento

Objetivos de aprendizagem

Ao final deste texto, você deve apresentar os seguintes aprendizados:

- Reconhecer o conceito de psicologia do desenvolvimento humano.
- Explicar a evolução dos estudos relacionados à psicologia do desenvolvimento humano, desde o tempo passado até as perspectivas atuais.
- Identificar os principais desafios acerca dos estudos da psicologia do desenvolvimento humano.

Introdução

Você sabia que, historicamente, a psicologia do desenvolvimento se focou no estudo da infância, e apenas mais recentemente se expandiu para todos os ciclos da vida? Especialmente a partir dos anos 1990, a psicologia do desenvolvimento tem se dedicado também ao estudo da adolescência, da vida adulta e do envelhecimento.

Neste capítulo, você vai observar que o desenvolvimento dos indivíduos ao longo de suas vidas envolve aspectos afetivos, cognitivos, biológicos e sociais. Isso implica o estudo de aspectos psicológicos do desenvolvimento humano em suas intersecções com diferentes áreas do conhecimento, como a educação, a biologia e a sociologia.

O conceito de psicologia do desenvolvimento

A psicologia do desenvolvimento se consolidou como uma disciplina específica no campo da psicologia. Um dos objetivos mais gerais da psicologia do desenvolvimento é investigar as mudanças que ocorrem no decorrer do desenvolvimento humano. Uma definição possível de desenvolvimento humano é "[...] o estudo científico de como as pessoas mudam ou como elas ficam iguais, desde a concepção até a morte [...]" (PAPALIA; OLDS, 2000, p. 25). Essa primeira definição é bastante geral e diferentes pesquisas, a partir de diferentes abordagens teóricas e metodológicas, aprofundam-se na compreensão de quais mudanças ocorrem, como essas mudanças ocorrem, quando ocorrem e por quê.

Historicamente, a psicologia do desenvolvimento dedicou-se ao estudo e à pesquisa do desenvolvimento infantil, o que pode ser entendido devido ao fato de que, desde a Idade Média até meados do século XIX, não houve uma preocupação efetiva com as crianças nas instituições de ensino ou nos locais de trabalho. Estudantes e trabalhadores de diferentes idades e diferentes níveis de conhecimento eram instruídos e trabalhavam lado a lado (ARIÈS, 1981). Nesse sentido, há que se reconhecer a importância fundamental da psicologia do desenvolvimento para que houvesse, e haja, atenção e cuidado maiores com as crianças e a infância como um todo. Tanto na necessária diferenciação das crianças, de acordo com a idade, para sua instrução, quanto no combate ao trabalho infantil.

Destacado o aspecto anterior, e após décadas de dedicação da psicologia do desenvolvimento ao estudo e pesquisa do desenvolvimento infantil, a disciplina avança cada vez mais para o estudo de todos os ciclos da vida. O estudo da infância passa a ser acompanhado pelo estudo da adolescência (uma diferenciação mais contemporânea), da vida adulta e do envelhecimento. A psicologia do desenvolvimento, portanto, pode ser definida como o estudo e a pesquisa de como variáveis internas e externas aos indivíduos têm implicações e acarretam mudanças em seu desenvolvimento ao longo da vida (BIAGGIO, 1978). No desenvolvimento dos indivíduos, há mudanças que refletem em adaptações internas e externas a um mundo em constante transformação (PAPALIA; OLDS, 2000). As variáveis internas são aquelas relacionadas à maturação do indivíduo, as bases genéticas do seu desenvolvimento. As variáveis externas estão relacionadas ao meio (social e histórico) no qual o indivíduo se desenvolve (MOTA, 2005). Em relação à primeira definição de psicologia do desenvolvimento, pode-se destacar aqui o reconhecimento de que as mudanças e continuidades no desenvolvimento apresentam características internas e externas.

Tradicionalmente, então, considera-se que a psicologia do desenvolvimento estuda e pesquisa as variáveis internas e externas aos indivíduos inseridos em um meio social específico, em um período histórico específico e que provocam mudanças em seu desenvolvimento (BIAGGIO, 1978). As variáveis internas e externas estudadas e pesquisadas pela psicologia do desenvolvimento abarcam o desenvolvimento cognitivo, o desenvolvimento afetivo, o desenvolvimento social e o desenvolvimento psicomotor. Nesses diferentes campos de desenvolvimento, a psicologia se dedica a identificar se existe um processo ou etapas por meio dos quais um indivíduo adquire determinada capacidade humana. Também merece destaque o fato de que, na evolução da psicologia do desenvolvimento, o meio social, o período histórico e até mesmo questões culturais (variáveis externas) passaram a ser incorporados com maior ênfase aos estudos e pesquisas.

Os desenvolvimentos referidos anteriormente não devem ser buscados no indivíduo em um estado puro e isolado, pois se relacionam constantemente entre si. Uma criança que utiliza um objeto para pegar outro objeto que não estava ao seu alcance, por exemplo, subindo em uma caixa para pegar algo em cima de uma mesa, pode ser um exemplo de desenvolvimento cognitivo, mas também psicomotor. Um indivíduo que, quando está em um grupo, permanece sozinho ou isolado pode ser um exemplo de desenvolvimento afetivo, mas também social.

Estudos e pesquisas recentes consideram que as mudanças são mais facilmente observáveis em períodos de transição rápida (infância, adolescência, vida adulta e envelhecimento), mas cada vez mais busca-se ampliar os estudos e pesquisas, conectando os diferentes ciclos da vida. Diversos teóricos destacam, também, a importância de se estudar e pesquisar as mudanças, especialmente comportamentais, ocorridas entre gerações de indivíduos (BALTES, 1968). Para alcançar o objetivo de compreender o desenvolvimento humano no decorrer dos diferentes ciclos da vida, a metodologia de pesquisa mais utilizada na psicologia do desenvolvimento são as pesquisas explicativas de cunho longitudinal (MOTA, 2005). As pesquisas explicativas longitudinais possibilitam acompanhar o desenvolvimento dos indivíduos ao longo do tempo e, ao mesmo tempo, controlar as múltiplas variáveis que afetam o desenvolvimento (MOTA, 2005).

Estudos e pesquisas da psicologia do desenvolvimento podem contribuir para a identificação de fatores internos e externos que afetam o desenvolvimento humano e, assim, proporcionar modos de intervenção e promoção da saúde que possibilitem um desenvolvimento pleno dos indivíduos em seus diversos contextos (MOTA, 2005).

>  **Fique atento**
>
> Observa-se que, ao longo das diferentes fases da psicologia do desenvolvimento, diferentes métodos de pesquisa foram utilizados. Você já é capaz de identificar quais são eles?

Histórico da psicologia do desenvolvimento

O estudo da evolução da psicologia do desenvolvimento evidencia que no decorrer da história houve diferentes enfoques e propostas explicativas. Ao observar o histórico de uma área do conhecimento, é possível perceber que não se trata de uma sucessão linear de pesquisas sobre as mesmas questões. Assim sendo, a psicologia do desenvolvimento se desenvolveu de diferentes formas, em diferentes períodos e lugares.

A psicologia do desenvolvimento pode ser dividida em cinco períodos históricos que permitem que você possa compreender melhor sua evolução: o período formativo (1882-1912, aproximadamente) (CAIRNS, 1983), a primeira fase (1920-1939, aproximadamente), a segunda fase (1940-1959, aproximadamente), a terceira fase (1960-1989) e, por fim, a quarta fase (1990-atualidade) (BIAGGIO; MONTEIRO, 1998). A seguir, você estudará cada um desses períodos e suas principais características.

O período compreendido entre 1882 e 1912 é considerado o período formativo da psicologia do desenvolvimento. A publicação do livro *The mind of the child* (A mente da criança - tradução minha), em 1882, de William Thierry Preyer, é considerada o marco de nascimento da psicologia do desenvolvimento e impulsionou as pesquisas nessa área de estudos (CAIRNS, 1983). As primeiras publicações especializadas nessa área e os primeiros centros de estudos dedicados à mesma surgiram nos Estados Unidos e na França, no fim do século XIX (MOTA, 2005). Destacam-se a criação do *Child Research Institute at Clark* (Instituto de Pesquisas sobre a Criança - tradução minha) e da publicação *Pedagogical Seminars* (Seminários Pedagógicos - tradução minha), por Granville Stanley Hall, em 1891, nos Estados Unidos; destacam-se também a criação da *Société Libre pour l'Étude de l'Énfant* (Sociedade Livre para o Estudo da Criança - tradução minha) e da publicação *L'Année Psychologique* (O Anuário Psicológico - tradução minha), por Alfred Binet, em 1899, na França (CAIRNS, 1983). Já no período formativo, como os nomes das publicações, periódicos e centros de estudos podem sugerir, os estudos e pesquisas focavam-se na infância: "Os interesses de pesquisa nesta época envolviam principalmente a psicobiologia, psicologia da personalidade e desenvolvimento cognitivo." (MOTA, 2005, p. 108).

A **psicobiologia**, como o nome sugere, é uma área de pesquisa comum entre a psicologia e a biologia. Estuda as bases biológicas relacionadas ao funcionamento do sistema nervoso central e, mais especificamente, ao comportamento e aos processos psíquicos; dentre os tópicos estudados pela psicobiologia, pode-se destacar a aprendizagem, a estimulação sensorial e as doenças mentais. A **psicologia da personalidade** estuda experiências subjetivas internas; contribui, por exemplo, para a identificação de sistemas neurais/biológicos que influenciam a personalidade e ajuda a explicar diferenças significativas entre as pessoas. Ao mesmo tempo, especialmente em seus estudos mais recentes, busca entender, também, como os contextos nos quais as pessoas vivem podem influenciar a forma como elas dão sentido ou atribuem significados a eventos cotidianos. Por último, entender o **desenvolvimento cognitivo** implica estudar o processamento de informações pelo cérebro, os recursos conceituais e as habilidades perceptivas mentais, entre outros aspectos. O desenvolvimento cognitivo pesquisa a capacidade dos indivíduos de pensar e compreender e estuda questões relativas à linguagem, à coordenação motora, ao desenvolvimento afetivo/emocional, entre outros. O desenvolvimento cognitivo também considera fatores externos aos indivíduos em suas análises, pois considera que os sujeitos desenvolvem respostas cada vez mais complexas ao meio.

A primeira fase da psicologia do desenvolvimento compreende, aproximadamente, o período entre 1920 e 1939. Esse período foi fortemente marcado por estudos e pesquisas dedicados ao desenvolvimento infantil (MOTA, 2005). Em 1933, foi criada a *Society for research in Child Development* (Sociedade de Pesquisa em Desenvolvimento Infantil - tradução minha), bastante influente na área da psicologia do desenvolvimento até hoje (CAIRNS, 1983). O foco dos trabalhos se centrou no desenvolvimento intelectual das crianças, em seus processos de maturação e em seu crescimento (MOTA, 2005). Nesse período, surgem as primeiras críticas aos métodos de pesquisa descritivos, predominantes nos estudos e pesquisas sobre o desenvolvimento humano. As pesquisas descritivas objetivam levantar uma série de informações sobre determinados fenômenos e descrever suas características. As críticas consideram que, muitas vezes, não há um exame crítico, por parte dos pesquisadores, das informações levantadas, o que pode levar a resultados e conclusões equivocadas (TRIVIÑOS, 1987). Como alternativa às críticas aos estudos descritivos, aumenta, nesse período, o interesse por estudos e pesquisas explicativas – com destaque para as pesquisas de cunho longitudinal – e inicia-se um debate sobre a relevância desse método de pesquisa para o estudo do desenvolvimento humano. As pesquisas explicativas de cunho longitudinal visam à identificação de fatores que contribuem para a ocorrência de determinados fenômenos (GIL, 2007) em um determinado período de tempo (em geral alguns anos) e analisam as mudanças ocorridas no fenômeno provocadas também pela passagem do tempo. O movimento de transição de pesquisas mais descritivas para pesquisas mais explicativas de cunho longitudinal inicia nessa fase, mas não chega a se consolidar (MOTA, 2005).

Entre 1940 e 1959, aproximadamente, é localizada a segunda fase da psicologia do desenvolvimento. Esse período foi fortemente marcado pela falta de investimentos em pesquisas devido à crise de 1929 (ou A Grande Depressão) e à Segunda Guerra Mundial (1939 - 1945) (MOTA, 2005). O foco dos estudos e pesquisas nesse período também se centrou no desenvolvimento infantil e nas possíveis variáveis que afetam o desenvolvimento (CAIRNS, 1983). Nessa fase, percebe-se uma ocorrência mais significativa de pesquisas exploratórias com destaque para o uso de métodos de pesquisa correlacionais. As pesquisas exploratórias pretendem criar maior familiaridade com o problema de pesquisa, tendo como objetivo torná-lo mais explícito ou construir hipóteses sobre o mesmo (GIL, 2007). O método correlacional, por sua vez, explora relações entre variáveis, exceto as relações do tipo causa e efeito. O estudo das relações entre variáveis é descritivo e não há a manipulação de variáveis. Biaggio (1978) considera que os avanços teóricos nesse período foram limitados devido à impossibilidade de se estabelecer relações de causa e efeito entre variáveis.

Na terceira fase da psicologia do desenvolvimento, entre 1960 e 1989, aproximadamente, percebe-se um retorno dos investimentos em pesquisas (CAIRNS, 1983). Até a metade dos anos 1960, ressalta-se a preponderância do Behaviorismo (com destaque para os pesquisadores John B. Watson e B. F. Skinner) e do Sociointeracionismo (de L. S. Vygotsky) nos estudos e pesquisas da psicologia do desenvolvimento (MOTA, 2005). Também se nota a influência da Psicologia Genética, de Jean Piaget, como referencial teórico das pesquisas realizadas nesse campo do conhecimento (BIAGGIO; MONTEIRO, 1998). Devido a isso, distingue-se, nessa fase da psicologia do desenvolvimento, a chamada Revolução Cognitiva, quando diferentes elementos da cognição são estudados e investigados. Nesse período, as pesquisas exploratórias de cunho experimental se destacaram (MOTA, 2005). Na pesquisa experimental, identificam-se as variáveis capazes de influenciar um objeto de estudo e definem-se formas de manipulação e controle dos efeitos que as variáveis produzem no objeto (GIL, 2007).

A quarta fase da psicologia do desenvolvimento, de 1990 até a atualidade, é marcada pelo surgimento de novos paradigmas. A ênfase histórica em estudar e pesquisar o desenvolvimento infantil passa a compartilhar espaço com os estudos e pesquisas sobre todos os ciclos da vida. A relevância em se incorporar às pesquisas as diversas dimensões do desenvolvimento humano salienta o caráter interdisciplinar da psicologia do desenvolvimento. Assim se constitui uma ciência do desenvolvimento humano (MAGNUSSON; CAIRNS, 1996), uma disciplina da psicologia com intersecção com diferentes áreas do conhecimento (educação, biologia e sociologia, por exemplo).

Saiba mais

A infância nem sempre foi cercada de cuidados e atenção como é hoje. Durante muito tempo, não houve uma diferenciação entre crianças e adultos, não se considerava que as crianças de desenvolviam de modo diferente e com suas especificidades. A psicologia do desenvolvimento contribuiu muito para melhorias nesse sentido. Para saber mais, você pode ler sobre a História Social da Criança e da Família, de Philippe Ariès (1981).

Desafios atuais da psicologia do desenvolvimento

Um dos principais desafios da psicologia do desenvolvimento na atualidade é a interlocução das diferentes correntes teóricas que a compõem, assim como a sua interlocução com diferentes áreas do conhecimento. Especialmente, as psicólogas e os psicólogos do desenvolvimento precisam encontrar uma linguagem que facilite a sua comunicação com profissionais de diferentes áreas de atuação (DESSEN; COSTA JÚNIOR, 2006). A intersecção da psicologia do desenvolvimento com diferentes áreas do conhecimento salienta que as variáveis internas e externas que influenciam o desenvolvimento dos indivíduos estão fortemente relacionadas com as condições e os contextos nos quais os indivíduos se desenvolvem. O desenvolvimento humano não é um processo unívoco natural, mas consequência da influência de diversos elementos da cultura.

> Temos pela frente um grande desafio: continuar criando espaços de diálogo intelectual entre concepções teóricas divergentes na psicologia e dela com áreas afins, tendo como foco desconstruir a perspectiva evolucionista hege-

monicamente presente na psicologia do desenvolvimento e assimilada pelas ciências humanas em geral, que naturalizam o desenvolvimento e a produção de conhecimento e cultura (COLINVAUX; BANKS-LEITE; DELL'AGLIO, 2006, p. 86).

O desafio anterior está diretamente relacionado com outro desafio patente da psicologia do desenvolvimento: considerar os diversos contextos que afetam e também são afetados pelo desenvolvimento do indivíduo. O contexto histórico, por exemplo, tem sido cada vez mais incorporado aos estudos e pesquisas (MOTA, 2005). Os pesquisadores de diferentes correntes teóricas e de diferentes áreas do conhecimento precisam encontrar ao menos alguns denominadores comuns para

> [...] entenderem como os sistemas múltiplos que influenciam o desenvolvimento individual - dos processos culturais a eventos genéticos e de processos fisiológicos a interações sociais, vão integrando-se no decorrer do tempo, promovendo o funcionamento saudável e adaptativo ou sua conversão (MAGNUSSON; CAIRNS, 1996, p. 9).

A evolução dos estudos e pesquisas sobre o desenvolvimento humano demonstra que o mesmo ocorre de forma simultânea e complexa através de diferentes aspectos e contextos. Assim sendo, os estudos e pesquisas devem contemplar diferentes níveis de análises em diferentes contextos, devem ser realizados em diferentes períodos e com a utilização de métodos quantitativos e qualitativos de coleta e análise de dados. A diversidade e a complexidade que envolvem os estudos sobre o desenvolvimento humano sugerem que estudos complementares e comparativos realizados por equipes multidisciplinares tendem a contribuir para o avanço dessa área do conhecimento (COLINVAUX; BANKS-LEITE; DELL'AGLIO, 2006).

Outro desafio muito relevante para os pesquisadores brasileiros é a falta de recursos e estrutura para a realização de estudos e pesquisas. A diminuição e o corte de investimentos em educação, ciência e tecnologia impõem um desafio ainda maior para os pesquisadores brasileiros na mobilização de recursos materiais e humanos (COLINVAUX; BANKS-LEITE; DELL'AGLIO, 2006). Destaca-se, assim, a necessidade de investimentos em universidades públicas e privadas, assim como em agências de fomento à pesquisa tais como a CAPES (Coordenação de Aperfeiçoamento de Pessoal de Nível Superior) e o CNPq (Conselho Nacional de Desenvolvimento Científico e Tecnológico) no Brasil.

Por último, a expansão do foco das pesquisas da infância para todos os ciclos da vida (adolescência, vida adulta e envelhecimento) também é um desafio contemporâneo que se impõe à psicologia do desenvolvimento e que deve estar constantemente relacionado aos aspectos históricos, sociais e culturais mencionados anteriormente. Há que se considerar cada vez mais seriamente as implicações de classe social, raça e gênero, tendo em vista seus possíveis benefícios e prejuízos, ao se estudar e pesquisar o desenvolvimento humano. Uma implicação direta dessa expansão é a necessidade de se atentar para os métodos de pesquisa, despontando as pesquisas explicativas de caráter longitudinal como potentes para conectar os diferentes ciclos da vida do desenvolvimento humano. Essa expansão também é representativa da importância da psicologia do desenvolvimento para áreas como a educação e a saúde, visando oferecer os melhores modos de intervenção possíveis nessas e em outras diferentes áreas de atuação.

Link

A Psicologia Genética de Jean Piaget é uma das mais influentes no campo da educação no Brasil até hoje. Acesse o link ou o código a seguir e conheça mais.

https://goo.gl/MQmNpj

Exemplo

O indivíduo nasce com uma série de reflexos. Alguns deles não evoluirão ou até mesmo desaparecerão; o espirro é um exemplo desses reflexos. Já outros evoluirão devido ao seu exercício constante e à interação com objetos e eventos externos; mexer os olhos é um exemplo dessa evolução.

Referências

ARIÈS, P. *História social da criança e da família*. Rio de Janeiro: Guanabara Koogan, 1981.

BALTES, P. Longitudinal and cross-sectional sequences in the study of age generation effects. *Human Development*, v. 11, n. 3, p. 145-171, 1968.

BIAGGIO, A. *Psicologia do desenvolvimento*. Petrópolis: Vozes, 1978.

BIAGGIO, A.; MONTEIRO, J. A psicologia do desenvolvimento no Brasil e no mundo. In: SEIDL DE MOURA, M. L.; CORREA, J.; SPINILLO, A. (Org.). *Pesquisas brasileiras em psicologia do desenvolvimento*. Rio de Janeiro: EDUERJ, 1998. p. 15-31.

CAIRNS, R. The emergency of developmental psychology. In: MUSSEN, P. (Org.). *Handbook of child psychology*. 4. ed. New York: John Wiley, 1983. v. 1, p. 41-101.

COLINVAUX, D.; BANKS-LEITE, L.; DELL'AGLIO, D. D. *Psicologia do desenvolvimento*: reflexões e práticas atuais. São Paulo: Casa do Psicólogo, 2006.

DESSEN, M. A.; COSTA JÚNIOR, A. L. A ciência do desenvolvimento humano: desafios para pesquisa e para os programas de pós-graduação. In: COLINVAUX, D.; LEITE, L. B.; DELL'AGLIO, D. (Org.). *Psicologia do desenvolvimento*: reflexões e práticas atuais. São Paulo: Casa do Psicólogo, 2006. p. 133-158.

GIL, A. C. *Como elaborar projetos de pesquisa*. 4. ed. São Paulo: Atlas, 2007.

MAGNUSSON, D.; CAIRNS, R. B. Developmental science: toward a unified framework. In: CAIRNS, R. B.; ELDER, G. H.; COSTELLO, E. J. (Org.). *Developmental science*. New York: Cambridge University Press, p. 7-30.

MOTA, M. E. Psicologia do desenvolvimento: uma perspectiva histórica. *Temas em Psicologia*, Ribeirão Preto, v. 13, n. 2, p. 105-111, dez. 2005. Disponível em: <http://pepsic.bvsalud.org/scielo.php?script=sci_arttext&pid=S1413-389X2005000200003&lng=pt&tlng=pt>. Acesso em: 15 out. 2017.

PAPALIA, D.; OLDS, S. *Desenvolvimento humano*. Porto Alegre: Artmed, 2000.

TRIVIÑOS, A. N. S. *Introdução à pesquisa em ciências sociais*: a pesquisa qualitativa em educação. São Paulo: Atlas, 1987.

Objetivos e métodos de estudo da psicologia do desenvolvimento

Objetivos de aprendizagem

Ao final deste texto, você deve apresentar os seguintes aprendizados:

- Definir os principais objetivos da psicologia do desenvolvimento.
- Diferenciar os métodos de estudo da psicologia do desenvolvimento e suas finalidades.
- Conhecer os principais procedimentos metodológicos utilizados na psicologia do desenvolvimento: observações e entrevistas.

Introdução

Neste capítulo, você verá como a psicologia do desenvolvimento pesquisa a gênese de diferentes estágios do desenvolvimento humano, suas causas e características principais, por meio de diferentes abordagens. Você aprenderá que a psicologia do desenvolvimento é uma ciência em constante evolução e, da mesma forma, seus objetivos têm evoluído. Além disso, conhecerá os métodos introspectivo, experimental, clínico e psicanalítico, assim como alguns de seus principais teóricos.

Objetivos da psicologia do desenvolvimento

A psicologia do desenvolvimento é o estudo e a pesquisa de diferentes aspectos do desenvolvimento humano, desde a vida uterina até o envelhecimento. É uma área do conhecimento que busca compreender como o tempo, a hereditariedade, a fisiologia, experiências de aprendizagem e diferentes contextos (cultural, histórico e social, por exemplo), entre outros fatores, podem influenciar o desenvolvimento humano (BOCK; FURTADO; TEIXEIRA, 2002). Em decorrência da abrangência das dimensões do desenvolvimento humano que a psicologia do desenvolvimento estuda, essa disciplina tem interfaces com outras áreas do conhecimento, como a biologia, a educação, a sociologia e outras.

A psicologia do desenvolvimento busca atingir três grandes objetivos gerais. O primeiro objetivo geral pode ser resumido como a identificação da gênese de aspectos afetivos, cognitivos, motores e sociais do desenvolvimento humano. O segundo objetivo geral é reconhecer as causas que levam ao surgimento e às mudanças dos aspectos afetivos, cognitivos, motores e sociais do desenvolvimento humano. O terceiro e último objetivo geral consiste em distinguir os estágios ou fases do desenvolvimento humano, períodos específicos do ciclo de vida em que um conjunto particular de aspectos afetivos, cognitivos, motores e sociais do desenvolvimento humano se manifesta e se mantém mais ou menos estável (CAMPOS, 2001).

É possível estabelecer alguns princípios gerais do desenvolvimento humano. O primeiro deles é que o desenvolvimento humano é composto por diferentes estágios/etapas/fases e cada uma delas apresenta um conjunto de características próprias. Ainda que a definição dos estágios do desenvolvimento e do período em que ocorrem possa variar de acordo com os diferentes métodos de estudo, é recorrente nos diferentes métodos de estudo que novos padrões de desenvolvimento se constituam e se consolidem a partir de padrões estabilizados em um estágio anterior. Outro princípio, relacionado ao anterior, é que o desenvolvimento é sequencial e resultado de transformações estruturais em aspectos afetivos, cognitivos, físico-motores e sociais dos indivíduos. Um exemplo bastante ilustrativo desse segundo princípio é o fato de que a criança, em um primeiro momento, engatinhe; em seguida, caminhe e, por fim, consiga correr com destreza. O terceiro princípio que pode ser destacado é que o desenvolvimento ocorre a partir de aspectos mais gerais para aspectos mais específicos. Por exemplo, primeiro a criança desenvolve a motricidade ampla (mexer pernas, braços e mãos, sentar, andar, correr e etc.) para, depois, desenvolver a motricidade fina (coordenar mãos e olhos em tarefas específicas como pintar, recortar, ler, escrever e etc) (COLL; MARCHESI; PALÁCIOS, 2004). Por último, pode-se destacar que ainda que os estágios do desenvolvimento sejam constantes nos diferentes métodos de estudos, o desenvolvimento pode ocorrer em ritmos/velocidades diferentes em indivíduos diferentes. Há uma constância do desenvolvimento físico-motor (crescimento da cabeça, tronco e membros superiores e inferiores, por exemplo) ao desenvolvimento cognitivo (capacidade de raciocínio lógico indutivo/dedutivo, por exemplo), mas não é possível determinar com precisão absoluta uma idade para que todos os indivíduos atinjam determinado desenvolvimento.

Fique atento

A psicologia do desenvolvimento contribui para uma melhor compreensão dos aspectos psicológicos do conhecimento humano, postula que há diferentes fases do desenvolvimento humano e destaca a relevância das relações sociais e afetivas para o aprendizado. Você já é capaz de identificar um autor ou uma teoria da psicologia do desenvolvimento que contribui para o trabalho em sala de aula?

Métodos de estudo da psicologia do desenvolvimento

Nas pesquisas realizadas na psicologia do desenvolvimento, diferentes métodos de estudo com distintos objetivos e finalidades podem ser utilizados. Nesta seção, você estudará os métodos introspectivo, experimental, clínico, psicanalítico, de observação e de entrevistas. Esses métodos se destacam nas pesquisas realizadas tanto por sua recorrência quanto por sua contribuição para a consolidação da psicologia do desenvolvimento como área do conhecimento.

O método introspectivo é considerado o primeiro método de estudo utilizado na psicologia científica. O método foi desenvolvido pelo médico, filósofo e psicólogo alemão Wilhelm Wundt (1832-1920) e consiste no conhecimento das emoções, crenças, memórias, pensamentos e etc. por meio de uma autoanálise relatada pelo próprio indivíduo analisado. Nesse processo, o indivíduo é, simultaneamente, sujeito do conhecimento (sobre si) e objeto de estudo (do psicólogo) mediante a auto-observação realizada, já que, para Wundt (apud SCHULTZ; SCHULTZ, 2016, p. 72), "[...] somente o indivíduo que passa pela experiência é capaz de observá-la [...]". O método introspectivo implica a presença de observadores externos, previamente treinados, que descrevem os conteúdos dos estados mentais relatados pelo indivíduo observado. Com base nesse método, o pesquisador foca no estudo do consciente ou da tomada de consciência acerca de estados mentais.

O método experimental exerce um papel de destaque no conhecimento do comportamento humano e animal. Nesse método, o pesquisador manipula determinado fator ou condição (variável independente) e observa as consequências dessa manipulação no comportamento em estudo (variável dependente). O objetivo é conhecer comportamentos comuns a um grupo (animal ou humano) e se divide em três etapas: hipótese prévia, experimentação e generalização dos resultados. A hipótese prévia estabelece uma relação de causa-efeito explicativa para determinado fenômeno. Na experimentação, a variável dependente é estudada a partir da manipulação da variável independente. Por fim, na generalização, apresentam-se conclusões sobre os dados estudados.

Em linhas gerais, o método clínico pode ser definido como todo procedimento de observação direta e minuciosa de entrevistas ou de situações experimentais definidas (testes) (SCHRAML, 1973). O método clínico não se propõe a ser um método de pesquisa acadêmica/científica e tampouco se propõe a descobrir leis gerais sobre o comportamento humano. Caracteriza-se como uma série de procedimentos de diagnóstico e tratamento de pessoas com problemas de comportamento ou emocionais. O estudo se desenvolve sobre um único indivíduo ao longo de quatro fases: anamnese, entrevista, observação e testes. A anamnese consiste no levantamento da história do paciente com base em fontes externas. A entrevista consiste na realização de perguntas ao paciente, na tentativa de elaborar hipóteses a partir das suas respostas verbais e não verbais (gestos, reações, etc.). A observação é o estudo dos comportamentos do paciente buscando confirmar a hipótese selecionada. Por fim, os testes objetivam confirmar as conclusões e também podem ser realizados no início do método clínico para levantar informações acerca do paciente.

Se o primeiro método de estudo da psicologia científica buscava conhecer o consciente (método introspectivo), o método psicanalítico busca conhecer o inconsciente. Sigmund Freud foi o criador do método psicanalítico, que demonstra a "[...] interferência de fatores inconscientes na operação da racionalidade e sugere que estes opõem obstáculos ao estabelecimento de um contato satisfatório com a realidade [...]" (BARROS, 2004, p. 22). Para conhecer o inconsciente, Freud (GURFINKEL, 2008) estabeleceu uma série de procedimentos, entre eles:

1. hipnose, que consiste em induzir o paciente, com base em intensa sugestão, a um estado semelhante ao sono, mas que ainda lhe possibilita alguma comunicação;
2. interpretação dos sonhos, que consiste em analisar as imagens de recalcamentos, ansiedades e medos presentes nos sonhos;
3. atos falhos, fenômenos relacionados a lapsos de linguagem, de escrita e/ou esquecimentos momentâneos de palavras que são considerados falhas de caráter insignificantes e de curta duração;
4. transferência, que consiste na transferência inconsciente de sentimentos de ternura ou de hostilidade (transferência positiva ou negativa) para o psicanalista.

Link

A cocaína já foi utilizada como um analgésico antes da descoberta de seus efeitos nocivos. Também foi utilizada na constituição de produtos como refrigerantes e pastilhas para a garganta. Freud se interessou por seus efeitos e estudou seu uso para propósitos terapêuticos (GURFINKEL, 2008). Saiba mais sobre esta história no texto disponibilizado no link a seguir.

https://goo.gl/s13QpN

Principais procedimentos metodológicos utilizados na psicologia do desenvolvimento: observações e entrevistas

As observações e entrevistas são procedimentos metodológicos que podem ser utilizados em diferentes áreas do conhecimento e analisados a partir de diferentes métodos de estudos. Nesta seção, você conhecerá os diferentes tipos de observação (laboratorial e naturalista) e entrevistas (estruturadas, semiestruturadas e não estruturadas).

A observação com finalidade científica, em geral, é parte de um projeto de pesquisa e, por isso, tem planejamento, método nos registros e está sujeita aos objetivos da pesquisa. A observação é recomendada quando se busca identificar fatores sobre os quais os indivíduos não têm consciência, mas que influenciam seu comportamento. Por isso, é um procedimento metodológico útil à psicologia do desenvolvimento e especialmente utilizado no estudo de crianças pequenas (não falantes) e bebês.

Na observação laboratorial, busca-se registrar comportamentos que ocorrem em situações criadas pelo pesquisador. O objetivo é que os indivíduos observados estejam todos nas mesmas condições, sendo possível distinguir comportamentos decorrentes de estímulos do meio ou próprios de cada indivíduo. A observação laboratorial pode ser direta, quando o pesquisador compartilha o meio com o indivíduo observado e interage com ele diretamente, e indireta, quando o pesquisador utiliza dispositivos para realizar a observação (vídeos, áudios, etc.).

A observação naturalista é um dos procedimentos metodológicos mais utilizados na psicologia do desenvolvimento na contemporaneidade e consiste em observar e registrar os comportamentos dos indivíduos em seus meios cotidianos, tais como suas famílias e escolas. Nesse tipo de observação, não há controle e/ou manipulação de variáveis, o que contribui para a naturalidade da observação. Em decorrência disso, a observação naturalista talvez não seja a mais adequada ou compatível com o método de estudo experimental, assim como se diferencia e se distancia da observação laboratorial. Ao realizar a observação naturalista, há que se considerar uma possível alteração nos comportamentos observados em decorrência da presença do pesquisador (por exemplo, ao observar uma sala de aula em uma pesquisa). Isso pode ser atenuado mediante um tempo maior de permanência do pesquisador no meio observado e pela habituação dos indivíduos observados ao pesquisador como parte do meio. A observação naturalista se interessa pela relação dos indivíduos com o meio em que estão inseridos e, por isso, tem sido muito utilizada nas pesquisas da psicologia do desenvolvimento.

As entrevistas têm como objetivo obter dados sobre os indivíduos estudados que permitam ao pesquisador realizar análises fundamentadas em seu método de estudo e/ou teoria. Destacam-se três tipos de entrevistas nas pesquisas realizadas na psicologia do desenvolvimento: estruturadas, semiestruturadas e não estruturadas.

Nas entrevistas estruturadas, as perguntas são definidas previamente e são realizadas a todos os indivíduos entrevistados na mesma ordem; não são acrescidas e ou suprimidas perguntas nesse tipo de entrevista. O objetivo é garantir que as respostas possam ser categorizadas e que comparações possam ser realizadas entre os indivíduos estudados ou entre diferentes períodos de realização das entrevistas.

As entrevistas semiestruturadas são mais flexíveis e permitem o acréscimo de novas questões a partir das respostas dos indivíduos estudados. Nas entrevistas semiestruturadas, o pesquisador se guia mais por tópicos que objetiva abordar do que por um conjunto de perguntas previamente definidas. A entrevista semiestruturada proporciona maior liberdade ao pesquisador, "[...] ao mesmo tempo que [...] oferece todas as perspectivas possíveis para que o informante alcance a liberdade e a espontaneidade necessárias, enriquecendo a investigação" (TRIVIÑOS, 1987, p. 146).

Por fim, nas entrevistas não estruturadas, há um objetivo geral definido pelo pesquisador, mas não há perguntas ou tópicos específicos definidos previamente. O pesquisador pode realizar diferentes perguntas, as que lhe pareçam mais adequadas, para diferentes indivíduos, tendo em conta o objetivo geral sobre o qual pretende obter dados. O pesquisador se adapta às características e prioridades do indivíduo estudado.

Exemplo

A epistemologia genética de Jean Piaget fundamenta muitos estudos realizados em escolas e, ao mesmo tempo, pode ser um bom exemplo de observação laboratorial. Os testes desenvolvidos pelo autor para investigar o nível de desenvolvimento cognitivo das crianças são replicados em diferentes contextos e os resultados são muito similares aos encontrados por Piaget.

Referências

BARROS, E. M. R. Método psicanalítico. *Cienc. Cult.*, São Paulo, v. 56, n. 4, p. 22-25, Dec. 2004. Disponível em: <http://cienciaecultura.bvs.br/scielo.php?script=sci_arttext&pid=S0009-67252004000400013&lng=en&nrm=iso>. Acesso em 22 jan. 2018.

BOCK, A. M. B.; FURTADO, O.; TEIXEIRA, M. L. T. *Psicologias*: uma introdução ao estudo de psicologia. 13. ed. São Paulo: Saraiva, 2002.

CAMPOS, D. M. S. *Psicologia e desenvolvimento humano*. 2. ed. Petrópolis: Vozes, 2001.

COLL, C.; MARCHESI, Á.; PALÁCIOS, J. (Org.). *Desenvolvimento psicológico e educação*. 2. ed. Porto Alegre: Artmed, 2004. (Psicologia da Educação Escolar, v. 2).

GURFINKEL, D. O episódio de Freud com a cocaína: o médico e o monstro. *Revista Latinoamericana de Psicopatologia Fundamental*, São Paulo, v. 11, n. 3, p. 420-436, set. 2008.

SCHRAML, W. J. *Précis de psychologie clinique*. Paris: PUF, 1973.

TRIVIÑOS, A. N. S. *Introdução à pesquisa em ciências sociais*: a pesquisa qualitativa em educação. São Paulo: Atlas, 1987.

Leituras recomendadas

CORIA-SABINI, M. A. *Psicologia do desenvolvimento*. 2. ed. São Paulo: Ática. 2004.

FADIMAN, J.; FRAGER, R. *Teorias da personalidade*. São Paulo: Habra, 1986.

LAKOMY, A. M. *Teorias cognitivas da aprendizagem*. Curitiba: IBPEX, 2003.

PAPALIA, D. E.; FELDMAN, R. D. *Desenvolvimento humano*. 12. ed. Porto Alegre: Artmed, 2013.

Schultz, D. P.; SCHULTZ, S. E. *História da psicologia moderna*. 10. ed. São Paulo: Cengage Learning, 2016.

Desenvolvimento humano: infância, adolescência e vida adulta

Objetivos de aprendizagem

Ao final deste texto, você deve apresentar os seguintes aprendizados:

- Constatar como o desenvolvimento humano contribui e interfere na trajetória do ser humano.
- Identificar como as escolas psicológicas trataram os conceitos de desenvolvimento.
- Relacionar as fases do desenvolvimento humano com a infância, a adolescência e a idade adulta.

Introdução

Cada etapa do desenvolvimento humano ao longo do ciclo da vida é marcada por mudanças de caráter biológico e vinculada a aspectos sócio-históricos e culturais. A infância é a fase da dependência e da ingenuidade. A adolescência, da turbulência. E a adultez tem como marcos a estabilidade e o domínio de si e do mundo. Ainda que existam marcadores etários relativos às etapas, cada pessoa vivencia o desenvolvimento de forma distinta.

Neste capítulo, você vai estudar as influências do desenvolvimento humano na constituição de vida dos indivíduos, bem como a importância das escolas psicológicas e de seus conceitos acerca do desenvolvimento humano. Ao final, o capítulo aborda o desenvolvimento humano da infância à vida adulta.

As influências do desenvolvimento humano na constituição de vida dos indivíduos

O desenvolvimento humano se destaca como determinante na trajetória de vida de cada um. Sendo assim, há necessidade de estarmos atentos aos fatores que de certa forma influenciam no desenvolvimento dos indivíduos. Entre eles podemos citar dois que são de extrema importância no desenvolvimento dos sujeitos: os hereditários e o meio ambiente.

Todo o ser humano, ao nascer, traz uma carga genética herdada de seus pais biológicos, a qual possui importantes vínculos com o desenvolvimento humano de cada indivíduo. No entanto, tais heranças podem ou não serem desenvolvidas de acordo com as intervenções do meio ambiente. Conforme Consolaro (2009) afirma,

> [...] as características dos seres vivos são determinadas por unidades hereditárias chamadas genes. Esse conceito, por ser muito incisivo e fechado, acabou por ser dogmaticamente utilizado. A transmissibilidade das características de um ser para outras gerações não depende exclusivamente dos genes; devemos considerar a célula como um todo – com o seu citoplasma, suas mitocôndrias e o material genético que carrega em sua estrutura –, assim como o organismo como um todo, e a complexidade do meio ambiente (2009, p.14).

De acordo com as palavras do autor a hereditariedade é importante para o desenvolvimento dos seres humanos. Porém, não é definitiva. As questões externas, relacionadas ao meio ambiente no qual cada indivíduo está inserido, também, são fundamentais na trajetória de vida de cada um. O meio ambiente é um fator de extrema importância no desenvolvimento dos seres humanos, pois é através das relações e interações dos sujeitos com o meio que esses se constituem.

> [...] o desenvolvimento do ser humano está subordinado a dois grupos e fatores: os fatores da hereditariedade e adaptação biológica, dos quais depende a evolução do sistema nervoso e dos mecanismos psíquicos elementares, e os fatores de transmissão ou de interação sociais, que intervêm desde o berço e desempenham um papel de progressiva importância, durante todo o crescimento, na constituição dos comportamentos e da vida mental (PIAGET, 1998, p. 17).

Em síntese, podemos definir o campo de desenvolvimento humano como um estudo científico dedicado à compreensão dos processos de transformação e estabilidade vinculados ao ciclo de vida das pessoas. Este campo estuda os marcos temporais do desenvolvimento, seus elementos positivos e negativos, bem como a influência do momento de vida em que ocorrem eventos, como a gravidez e a maternidade, por exemplo. A tarefa dos estudiosos e teóricos deste campo de conhecimento é descrever, explicar, prever e intervir no desenvolvimento humano (PAPALIA; FELDMAN, 2013).

Nesse sentido, quanto mais estímulos forem oferecidos pelo meio ambiente, maiores serão as condições de desenvolvimento e de aprendizagem dos seres humanos.

As escolas psicológicas e os conceitos do desenvolvimento

As primeiras escolas psicológicas surgiram no século XIX, tornando a psicologia uma ciência independente da filosofia, formulando seus próprios conceitos e teorias sobre o desenvolvimento humano (GERRIG; ZIMBARDO, 2005). Dentre as mais importantes podemos citar:

- **Estruturalismo:** o estruturalismo foi a primeira escola psicológica, que tinha como principal objetivo de estudo a consciência (mente). Seus principais estudiosos foram Wilhelm Wundt e Edward Titchener e os métodos de pesquisa utilizados tiveram destaque na observação, a experimentação e a mediação. Dessa forma, faziam uso da introspecção como método indicado para a realização dos estudos sobre a mente humana (GERRIG; ZIMBARDO, 2005).
- **Funcionalismo:** contrariando as ideias de estruturalismo, emerge o funcionalismo, influenciado fortemente por Willian James. De acordo com Gerrig e Zimbardo (2005), a teoria funcionalista contrapõe-se a teoria estruturalista, pois procurava focar nos processos mentais de forma sistemática, observando as reações funcionais dos comportamentos.
- **Behaviorismo:** tornou-se a escola psicológica dominante da década de 1950, tendo como seu principal objetivo de estudo o comportamento. O behaviorismo estuda as influências ambientais no comportamento dos indivíduos. Para os behavioristas o comportamento definia-se pelo ambiente, ou seja, os fatores ambientais influenciavam diretamente na conduta dos seres humanos. Como principais teóricos do behaviorismo podemos citar John Watson e Skinner. Os behavioristas defendiam a experiência no estudo do comportamento humano realizado através dos estímulos oferecidos pelo ambiente e das respostas observadas a partir dos comportamentos dos indivíduos estudados (GERRIG; ZIMBARDO, 2005).

- **Gestalt:** o objeto da *gestalt* é a percepção, tendo como principais teóricos Wolfgang Kohler, Kurt Koffa e Max Westheimer. A prática da psicologia da *gestalt* surgiu contra a prática de reduzir experiências complexas a experiências simples, ou seja, acreditavam que as experiências deveriam ser representadas pela totalidade da percepção do campo de observação. Isso quer dizer o todo é maior do que a soma de cada uma das partes (GERRIG; ZIMBARDO, 2005). Para a *gestalt* a mente percebe o mundo através de uma forma organizada sem divisões dos elementos que o constituem.
- **Psicanálise:** seu objeto de estudo é o inconsciente, e Sigmund Freud é considerado seu principal teórico. Freud desenvolveu a técnica da psicanálise baseada na livre associação das ideias, na interpretação dos sonhos e na análise dos atos falhos (GERRIG; ZIMBARDO, 2005). Para Freud a mente humana era formada por três elementos: id (princípio do prazer, dos instintos primitivos/inatos/inconscientes; ego (princípio da realidade, da parte racional da personalidade/consciente); e superego (princípio das normas/regras criadas pela sociedade, que julgam as ações conscientes dos indivíduos).
- **Cognitivismo:** seu objeto de estudo são os processos cognitivos humanos, como os pensamentos, a percepção, a memória, a atenção, os julgamentos e as tomadas de decisão. Um dos representantes desta vertente é Jean Piaget e seus estudos sobre as etapas do desenvolvimento cognitivo.

As diferentes escolas de pensamento da psicologia contribuem para a sistematização dos conhecimentos sobre o desenvolvimento humano, como você verá na próxima seção.

O desenvolvimento humano

A psicologia do desenvolvimento estuda e pesquisa os diferentes estágios da maturação e desenvolvimento humano; analisa as mudanças e estabilidades que ocorrem nos seres humanos desde o nascimento até a maturidade. Essa área da psicologia busca encontrar características universais dessas mudanças e permanências que contribuam para uma melhor compreensão dos seres humanos.

> O campo do desenvolvimento humano concentra-se no estudo científico dos processos sistemáticos de mudança e estabilidade que ocorrem nas pessoas. Os cientistas do desenvolvimento (ou desenvolvimentistas) – indivíduos empenha-

dos no estudo profissional do desenvolvimento humano – observam os aspectos em que as pessoas se transformam desde a concepção até a maturidade, bem como as características que permanecem razoavelmente estáveis. Quais são as características com mais chances de perdurar? Quais têm mais chances de mudar, e por quê? Essas são algumas das perguntas que os cientistas do desenvolvimento procuram responder. (PAPALIA; FELDMAN, 2013, p. 36).

No início de sua história, a psicologia do desenvolvimento dedicou-se ao estudo da infância – período em que muitas mudanças são observáveis – e, após algum tempo, passou a dedicar-se também ao estudo de outros períodos do desenvolvimento humano. Atualmente, é possível organizar o desenvolvimento humano em oito diferentes períodos (PAPALIA; FELDMAN, 2013):

- período pré-natal (da concepção ao nascimento);
- primeira infância (do nascimento aos 3 anos de idade);
- segunda infância (dos 3 aos 6 anos de idade);
- terceira infância (dos 6 aos 11 anos de idade);
- adolescência (até aos 20 anos de idade, aproximadamente);
- início da vida adulta (dos 20 aos 40 anos de idade);
- vida adulta intermediária (dos 40 aos 65 e anos de idade);
- vida adulta tardia (dos 65 em diante).

Esses períodos referidos não são inquestionáveis, portanto, é possível que haja variações para diferentes indivíduos, diferentes culturas e diferentes sociedades. Porém, ainda que um pouco arbitrárias, são faixas etárias aproximadas em que é possível observar características comuns para melhor compreender o desenvolvimento humano.

> A divisão do ciclo de vida em períodos é uma *construção social*: um conceito ou prática que pode parecer natural e óbvio àqueles que o aceitam, mas na realidade é uma invenção de uma determinada cultura ou sociedade. Não há nenhum momento objetivamente definível em que uma criança se torna adulta ou um jovem torna-se velho. De fato, o próprio conceito de infância pode ser visto como uma construção social. Ao contrário da relativa liberdade que têm as crianças hoje [...], as crianças pequenas no período colonial eram tratadas até certo ponto como pequenos adultos [...] (PAPALIA; FELDMAN, 2013, p. 38, grifo das autoras).

O desenvolvimento humano, para fins de estudo e pesquisa, pode ser organizado em três diferentes âmbitos: desenvolvimento físico, desenvolvimento cognitivo e desenvolvimento psicossocial. O desenvolvimento físico engloba o crescimento do corpo humano, as capacidades sensoriais e as habilidades motoras. O desenvolvimento cognitivo é composto pelos processos de aprendizagem, pela memória, pela linguagem e pelo raciocínio. Por último, o desenvolvimento psicossocial inclui as emoções, a personalidade e as relações sociais (PAPALIA; FELDMAN, 2013). Essa organização é bastante útil para fins de estudo e pesquisa, como referido anteriormente, mas esses diferentes âmbitos do desenvolvimento humano estão inter-relacionados e afetam uns aos outros.

O desenvolvimento humano na infância

Na primeira infância, período que vai do nascimento aos 3 anos de idade, aproximadamente, pode-se destacar, em relação ao desenvolvimento físico, que o crescimento do corpo e o desenvolvimento das habilidades motoras se dão em um ritmo rápido e facilmente observável. O cérebro das crianças, nesse período, está sensível às influências do ambiente e se torna mais complexo em seu desenvolvimento. Em relação ao desenvolvimento cognitivo, pode-se destacar que, desde as primeiras semanas de vida, as capacidades de aprendizagem e de memória estão presentes, há um rápido desenvolvimento do uso e da compreensão da linguagem (ainda que de forma incipiente) e, por volta do segundo ano de vida, desenvolve-se a capacidade de usar símbolos e solucionar alguns problemas simples. Já em relação ao desenvolvimento psicossocial, é possível observar a formação de vínculos afetivos com a família e outras pessoas, há um aumento do interesse por outras crianças e há uma diminuição da dependência dos adultos e o desenvolvimento de um pouco de autonomia (Figura 1).

Figura 1. As habilidades motoras se aprimoram na primeira infância.
Fonte: mozakim/Shutterstock.com.

Na segunda infância, período que vai dos três aos seis anos de idade, aproximadamente, pode-se destacar, em relação ao desenvolvimento físico, que há uma constância no crescimento do corpo humano e um desenvolvimento significativo das habilidades motoras. Em relação ao desenvolvimento cognitivo, é possível observar avanços no uso da memória e da linguagem. Já em relação ao desenvolvimento psicossocial, a compreensão das emoções se torna mais complexa, há um aumento da independência, a criança toma mais iniciativas e tem mais autocontrole. Nesse período, em geral, observa-se o desenvolvimento da identidade de gênero (PAPALIA; FELDMAN, 2013). A família ainda é o centro da vida social, mas outras crianças se tornam cada vez mais importantes na vida da criança.

Por último, na terceira infância, período que vai dos seis aos onze anos de idade, aproximadamente, observa-se, em relação ao desenvolvimento físico, que o crescimento do corpo humano se torna mais lento se comparado aos períodos anteriores, mas a força física aumenta. Em relação ao desenvolvimento cognitivo, o raciocínio lógico apresenta avanços que permitem à criança acessar o ensino formal da escola. Já em relação ao desenvolvimento psicossocial, o autoconceito se torna mais complexo e afeta a autoestima das crianças, os colegas e amigos assumem uma relevância cada vez maior e a regulação das famílias sobre as crianças diminui, pois essas passam a regular-se mais.

Fique atento

A infância se divide em três períodos, que, por sua vez, estão organizados em três diferentes âmbitos. Você já é capaz de identificar quais são esses períodos e as principais características de seus diferentes âmbitos?

O desenvolvimento humano na adolescência

A adolescência pode ser circunscrita no período que vai desde os onze até os vinte anos de idade, aproximadamente (PAPALIA; FELDMAN, 2013), mas

> [...] a caracterização da adolescência não constitui tarefa muito fácil, porque aos fatores biológicos específicos, atuantes na faixa etária, se somam as determinantes socioculturais, advindas do ambiente onde o fenômeno da adolescência ocorre [...]. (CAMPOS, 1987, p. 28)

Além dos fatores biológicos, então, o ambiente familiar, cultural e social influencia o desenvolvimento humano na adolescência.

Assim como durante a infância, o desenvolvimento humano na adolescência é acompanhado pelo crescimento do corpo humano. Em relação ao desenvolvimento físico, destaca-se que as mudanças físicas são rápidas e intensas, e a maturidade reprodutiva é o marco desse período. É nesse período que ocorre de forma mais acentuada o crescimento dos seios e dos órgãos genitais, além do crescimento de pelos na face, nas axilas e no púbis. Podem-se observar, também, mudanças no tom de voz, no desenvolvimento do esqueleto e na estatura. Esse conjunto de ocorrências também pode ser denominado de puberdade. Todas essas mudanças podem acarretar algumas inseguranças no período da adolescência: a perda do corpo e da identidade infantil faz com que o adolescente, muitas vezes, não se reconheça mais no seu próprio corpo, compare-se com os outros e questione sua identidade.

Em relação ao desenvolvimento cognitivo, pode-se destacar o aprimoramento das capacidades de pensamento abstrato e raciocínio científico (PAPALIA; FELDMAN, 2013).

> O instrumento do pensamento do adolescente é a linguagem ou qualquer outro sistema simbólico, como, por exemplo, a matemática. Nesta medida, ele é capaz de formular hipóteses e, a partir delas, de chegar a conclusões que independem da verdade fatual ou da observação (RAPPAPORT, 1981, p. 69).

Como afirma Rappaport, a partir do pensamento e da reflexão, o adolescente submete o meio aos seus esquemas mentais. Inicialmente, o adolescente pode se incomodar com as contradições entre o que pensa e o meio em que vive, mas, aos poucos, percebe que a função do pensamento e da reflexão não é tão somente contradizer, mas também interpretar a experiência (Figura 2). Assim, o adolescente compreende a importância do pensamento e da reflexão para a sua ação sobre o meio.

Figura 2. A adolescência é uma fase marcada pela capacidade de interpretação das experiências.
Fonte: Leszek Glasner/Shutterstock.com

Já em relação ao desenvolvimento psicossocial, esse período é marcado pela busca de uma identidade, incluindo a identidade sexual (PAPALIA; FELDMAN, 2013). O grupo de amigos é uma importante expressão do meio para o adolescente, influenciando seu vocabulário, modo de vestir e outros aspectos do comportamento. A identidade do adolescente se consolida e tem relação com a identidade do grupo com o qual se relaciona ou ao qual pertence. É importante destacar que os interesses dos adolescentes são diversos e mutáveis e uma maior estabilidade será observada quando chegar à vida adulta.

Saiba mais

Para aprofundar o tema, recomenda-se a leitura de *Neuropsicologia do desenvolvimento* (SALLES; HAASE; MALLOY-DINIZ, 2016), uma obra que reúne capítulos conceituais e sobre aplicações da neuropsicologia à compreensão tanto do desenvolvimento típico quanto dos transtornos do desenvolvimento do sistema nervoso na infância e na adolescência.

O desenvolvimento humano na vida adulta

O início da vida adulta se estende dos vinte aos quarenta anos de idade, aproximadamente. Nesse período, o desenvolvimento físico alcança o ápice desse processo e, próximo ao final desse período, o desenvolvimento físico apresenta um ligeiro declínio. Em relação ao desenvolvimento cognitivo, é possível destacar que os pensamentos e julgamentos morais se tornam mais complexos se comparados aos períodos anteriores. Já em relação ao desenvolvimento psicossocial, é nesse período que identidade e personalidade se tornam estáveis (PAPALIA; FELDMAN, 2013). Os indivíduos, em geral, tomam decisões sobre relacionamentos e estilo de vida, como, por exemplo, casar-se e/ou ter filhos.

A vida adulta intermediária se estende do período que vai dos quarenta aos sessenta e cinco anos de idade, aproximadamente. Em relação ao desenvolvimento físico, pode ocorrer o início de uma lenta deterioração das habilidades sensoriais, assim como do vigor e da força física, mas são grandes as diferenças individuais. É nesse período que, normalmente, as mulheres entram na menopausa. Em relação ao desenvolvimento cognitivo, as capacidades mentais atingem o seu auge. Já em relação ao desenvolvimento psicossocial, pode haver uma redução da vida social mais ativa e um sentimento de ausência em relação aos amigos e familiares (PAPALIA; FELDMAN, 2013).

Por último, a vida adulta tardia se estende dos sessenta e cinco anos de idade até o fim da vida. Em relação ao desenvolvimento físico, pode ser observado um declínio das capacidades físicas, assim como um tempo de reação mais lento em relação aos estímulos e interações. Em relação ao desenvolvimento cognitivo, pode-se observar a deterioração da inteligência e da memória. Já em relação ao desenvolvimento psicossocial, a busca de significado para a vida pode assumir uma grande importância (PAPALIA; FELDMAN, 2013). Muitos pesquisadores têm se dedicado ao estudo da vida adulta, buscando identificar padrões comuns a esse período da vida.

Link

O *Estudo de Desenvolvimento Adulto*, realizado por pesquisadores de Harvard e liderado pelo psiquiatra Robert Waldinger, é considerado um dos estudos mais longos já realizados sobre a vida adulta. Durante 75 anos, as vidas de 724 homens foram acompanhadas. Quais lições foram extraídas? Acesse o link a seguir ou o código a seguir e descubra.

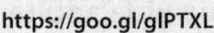

https://goo.gl/glPTXL

Fique atento

A exploração e o conhecimento do próprio corpo, assim como o desenvolvimento da sexualidade, são processos determinantes para o desenvolvimento humano, especialmente na infância e na adolescência. Assim sendo, para que as alunas e os alunos se desenvolvam plenamente e de maneira saudável, é fundamental que a escola seja um espaço de acolhimento dessas questões. A psicologia do desenvolvimento contribui para a compreensão das transformações pelas quais alunas e alunos passam nesses períodos da vida.

Neste capítulo, você foi apresentado ao conceito de psicologia do desenvolvimento, a partir da definição de autores como Consolato, Papalia, Feldman e Piaget, e aos efeitos de aspectos biológicos e ambientais no desenvolvimento humano. Você também estudou como o estruturalismo, o funcionalismo, o behaviorismo, a gestalt e a psicanálise explicam o desenvolvimento humano em suas diferentes dimensões. Por fim, você conheceu as características do desenvolvimento ao longo da infância, da adolescência e da vida adulta.

A compreensão dessas definições e diferenças permite que você estabeleça, em sua prática profissional, diagnósticos de comportamentos e evoluções esperadas e consideradas desadaptativas. Seja no contexto clínico, no escolar, organizacional ou em qualquer outro, o conhecimento do desenvolvimento humano ao longo das etapas do ciclo vital permite que você analise cenários e possíveis intervenções ajustadas aos estímulos necessários para o pleno desenvolvimento do potencial humano em cada uma das etapas.

Referências

CAMPOS, D. M. S. *Psicologia da adolescência*: normalidade e psicologia. 11. ed. Petrópolis: Vozes, 1987.

CONSOLARO, A. O gene e a epigenética: as características dentárias e maxilares estão relacionadas com fatores ambientais ou os genes não comandam tudo ou o determinismo genético acabou. *Revista Dental Press de Ortodontia e Ortopedia Facial*, Maringá, v.14, n. 6, p. 14-18, nov./dez.2009.

GERRIG, R. J.; ZIMBRADO, P. G. *A Psicologia da Vida*. Artmed. 16. ed. Porto Alegre, 2005.

PAPALIA, D. E.; FELDMAN, R. D. *Desenvolvimento humano*. 12. ed. Porto Alegre: AMGH, 2013.

PIAGET, J. *Para onde vai à educação?* Tradução de Ivete Braga. 14. ed. Rio de Janeiro: José Olympio, 1998.

RAPPAPORT, C. R. *Psicologia do desenvolvimento.* São Paulo: EPU, 1981.

SALLES, J. F.; HAASE, V. G.; MALLOY-DINIZ, L. F. (Org.). *Neuropsicologia do desenvolvimento*: infância e adolescência. Porto Alegre: Artmed, 2016. (Série Temas em Neuropsicologia).

Leitura recomendada

MOREIRA, L. M. A. Desenvolvimento e crescimento humano: da concepção à puberdade. In: MOREIRA, L. M. A. *Algumas abordagens da educação sexual na deficiência intelectual.* 3. ed. Salvador: EDUFBA, 2011. p. 113-123.

Principais teorias do desenvolvimento humano

Objetivos de aprendizagem

Ao final deste texto, você deve apresentar os seguintes aprendizados:

- Reconhecer as teorias behavioristas e seus principais estudiosos: Watson e Skinner.
- Analisar as teorias cognitivistas e seus principais estudiosos: Vygotsky e Piaget.
- Identificar as teorias psicanalíticas e seus principais estudiosos: Freud e Erikson.

Introdução

O desenvolvimento humano pode ser estudado e pesquisado a partir de diferentes perspectivas teóricas, desde as ciências biológicas até as ciências humanas e sociais. Você sabe quais são as principais teorias do desenvolvimento humano?

Neste capítulo, você estudará três grandes teorias do desenvolvimento humano nas quais se destacam distintas características de seus pesquisadores: as teorias behavioristas, as teorias cognitivistas e as teorias psicanalíticas.

Teorias behavioristas: Watson e Skinner

O behaviorismo é o estudo do desenvolvimento humano por meio da observação e da análise de aspectos do comportamento (*behavior*, em inglês). O comportamento, de modo geral, é entendido como a interação dos indivíduos com o meio e com outros indivíduos. Inicialmente, o behaviorismo estabelece duas unidades de análise para melhor compreender o desenvolvimento humano: estímulo e resposta. Os estímulos são as variáveis do meio com as quais o indivíduo interage; as respostas são as reações dos indivíduos aos estímulos provenientes do meio.

J. B. Watson (1878-1958) é considerado o fundador do behaviorismo e também da psicologia científica. Antes de Watson e da postulação do behaviorismo, a psicologia se dedicava, tradicionalmente, ao estudo da consciência humana com base no método da introspecção. Apesar de não negar a existência da consciência, Watson defendeu que ela não deveria ser o objeto de estudo da psicologia; em contrapartida, propôs que o objeto de estudo da psicologia deveria ser o comportamento humano, a partir de métodos experimentais e observações objetivas.

O behaviorismo, então, é uma ciência do comportamento. Para Watson, o comportamento é constituído de estímulos observáveis provenientes do meio em que determinado organismo se insere e das respostas observáveis do organismo a esses estímulos. Os estímulos são um conjunto de excitações que agem sobre o organismo e podem ser quaisquer elementos do meio externo (luzes, sons e etc.) ou também modificações internas dos organismos (contrações do estômago causadas pela fome, por exemplo). Ao identificar as respostas resultantes dos estímulos, o psicólogo distingue, então, o comportamento. Ao distinguir o comportamento, o psicólogo deve ser capaz de prever a resposta e de reconhecer o estímulo. Watson defendeu que o desenvolvimento humano é estimulado pelo meio e modelado pelas experiências.

O norte-americano J. B. Skinner (1904-1990) foi o responsável pela ampliação da concepção do behaviorismo ao propor o behaviorismo radical. Skinner entendia que os comportamentos não são resultantes somente de estímulos aos indivíduos, mas decorrentes também de seus esquemas próprios, emitidos em determinado ambiente mesmo na ausência de estímulos. Para o pesquisador, ao responder a um estímulo, o indivíduo estaria apresentando um **comportamento reflexo**. Porém, em sua interação com o meio (físico e social), o indivíduo é também ativo e faz apresentações intencionais, o que Skinner chamou de **comportamento operante**.

Antes de Skinner, o behaviorismo buscava encontrar explicações estritamente oriundas do meio. Negava ocorrências mentais para a explicação do comportamento humano que não fossem causadas *a priori* por um estímulo do meio. Para Skinner, o meio influencia um organismo antes e depois do organismo responder ao estímulo e, à resposta, sempre se acrescenta a consequência. Isto é, uma resposta reforçada em uma determinada ocasião tem maior probabilidade de ocorrer em outra ocasião semelhante mesmo na ausência de um estímulo. O indivíduo é, então, ativo e não só passivo.

A teoria de Skinner considera que os indivíduos agem de acordo com as consequências positivas ou negativas de seu comportamento. Portanto, não se pode pensar o indivíduo submetido ao meio de forma passiva. Skinner afirma a existência de reforços positivos e negativos no meio que possibilitam modificações no comportamento dos indivíduos. O **reforço positivo** fortalece o comportamento que o precede, e o **reforço negativo** fortalece a remoção do comportamento que o precede.

Um dos experimentos realizados por Skinner para comprovar sua teoria ficou conhecido como "caixa de Skinner". Nesse experimento, um animal é colocado em uma caixa que tem, ao menos, um botão/alavanca que o animal possa acionar/pressionar. Ao realizar tal ação, o animal pode receber água ou comida (reforço positivo); também é possível que o animal receba um eletrochoque (reforço negativo). Dessa forma, dependendo dos reforços positivos ou negativos, Skinner demonstrava como era possível condicionar os comportamentos dos animais.

> **Fique atento**
>
> Watson e Skinner são teóricos behavioristas, mas há uma diferença fundamental entre as teorias de ambos. Você é capaz de indicar qual é essa diferença?

Teorias cognitivistas: Vygotsky e Piaget

As teorias cognitivistas divergem das teorias comportamentalistas ao analisarem os processos mentais para compreender a aprendizagem e o desenvolvimento humano. Para os cognitivistas, a aprendizagem e o desenvolvimento se dão mediante um processo de acumulação de respostas e de adaptações sucessivas ao meio. A aprendizagem e o desenvolvimento ocorrem quando há uma mudança nas estruturas cognitivas, na forma como se percebem e organizam os acontecimentos, atribuindo-lhes significados. A capacidade de aprender e se desenvolver depende das estruturas cognitivas já existentes, e as novas informações que o indivíduo recebe são relacionadas com e provocam alterações nas estruturas cognitivas já existentes.

Vygotsky (1984) enfatiza a origem histórico-social do pensamento humano. O tempo, para o autor, não pode ser considerado somente como uma "unidade de tempo" que possibilitaria a maturação das estruturas mentais. Isto é, a mente humana não se desenvolve naturalmente com o passar do tempo e com o amadurecimento de estruturas internas. Para Vygotsky (1984), o desenvolvimento humano deve ser compreendido em relação ao período histórico específico vivido, à sociedade, à cultura e etc. Todas as ações dos indivíduos devem ser pensadas em relação ao meio social concreto e específico. Compreendendo assim o processo de desenvolvimento humano, Vygotsky (1984, p. 101) sugere que é necessário organizar e sistematizar o desenvolvimento humano:

> [...] aprendizado adequadamente organizado resulta em desenvolvimento mental e põe em movimento vários processos de desenvolvimento que, de outra forma, seriam impossíveis de acontecer. O aprendizado é um aspecto necessário e universal do processo de desenvolvimento das funções psicológicas culturalmente organizadas e especificamente humanas.

Na teoria de Vygotsky, há duas importantes estruturas no pensamento humano. As estruturas naturais, que o autor refere também como estruturas primitivas, são determinadas por fatores biológicos. Já as estruturas superiores são oriundas do desenvolvimento sociocultural do sujeito e se constituem a partir da história e da cultura vividas. As estruturas superiores são variáveis e possuem uma história particular relacionada às condições históricas e culturais de cada sujeito, não surgem tão somente como simples reações ou hábitos provocados por estímulos externos (VYGOTSKY, 1995).

Uma importante contribuição de Vygotsky para as pesquisas sobre o desenvolvimento humano foi uma ênfase no estudo da linguagem (signo). O ser humano deve ser compreendido na interação com o mundo à sua volta, interação mediada por objetos criados por ele e, entre esses "objetos", está o signo. O uso dos signos para representar as coisas marca o momento em que o sujeito se liberta de seus limites orgânicos e avança na construção simbólica da realidade (VYGOTSKY, 2001). O desenvolvimento humano está relacionado ao processo de interações com o outro, pois é nesse momento que o **signo** é utilizado como um meio para organizar e orientar as ações humanas. Assim, a linguagem socialmente construída, como um sistema de signos, é a mediadora do desenvolvimento humano. Para Vygotsky, o desenvolvimento cultural se fundamenta no uso dos signos e sua incorporação ao desenvolvimento humano ocorre, inicialmente, de forma social (externa) e, depois, individual (interna). O pensamento verbal, por exemplo, é uma forma de pensamento diretamente relacionada à linguagem construída social e historicamente e depende do domínio da linguagem. A palavra é fundamental na estruturação e organização das funções psicológicas (VYGOTSKY, 1995). A palavra e o pensamento têm relações complexas e estão em constante transformação.

Outro conceito fundamental na teoria de Vygotsky é a **Zona de Desenvolvimento Proximal** (ZDP). A ZDP pode ser definida como a distância entre o nível de desenvolvimento real do indivíduo, que pode ser reconhecido por suas capacidades para solucionar questões de forma autônoma, e o nível de desenvolvimento potencial, que pode ser reconhecido pelas ações que o indivíduo realiza com o auxílio de adultos ou de outras crianças em um estágio de desenvolvimento mais avançado. "A Zona de Desenvolvimento Proximal define aquelas funções que ainda não amadureceram, mas que estão em processo de maturação, funções que amadurecerão, mas que estão, presentemente, em estado embrionário" (VYGOTSKY, 1984, p. 97).

Piaget foi um biólogo de formação que, devido ao seu interesse pela construção do conhecimento, foi levado à psicologia. Com base em pesquisas experimentais, construiu sua própria teoria sobre o desenvolvimento cognitivo (epistemologia genética). A teoria de Piaget buscava compreender a gênese (origem) e a evolução do conhecimento humano, e o pesquisador se dedicou a identificar quais são os mecanismos utilizados pela criança para conhecer o mundo. Piaget (1980) afirma que há uma diferença qualitativa entre o pensamento da criança (mais simples) e pensamento do adulto (mais complexa), pois o desenvolvimento humano se torna mais complexo com o passar do tempo.

A teoria de Piaget postula algumas categorias para a compreensão do desenvolvimento humano. A **equilibração** é uma categoria fundamental: todo organismo necessita viver em equilíbrio com o meio. O meio suscita situações novas, desafiadoras e conflitantes nos organismos, causando desequilíbrios que são necessários para o seu desenvolvimento. Diante do conflito e do desequilíbrio causado pelo mesmo, o organismo recorre a recursos próprios em busca do equilíbrio. Um desses recursos e categorias de Piaget é a **assimilação**, que ocorre quando um organismo, sem alterar as suas estruturas mentais, procura significado, a partir de experiências anteriores, para compreender um novo conflito e desequilíbrio. Um segundo recurso e categoria na teoria de Piaget é a **acomodação**, com a qual o organismo tenta restabelecer o equilíbrio com o meio a partir da transformação de suas próprias estruturas mentais. A assimilação e a acomodação, embora diferentes, ocorrem simultaneamente na resolução dos conflitos causados pela interação do organismo com o meio e no restabelecimento do equilíbrio (equilibração). A assimilação e a acomodação coexistem e se alternam ao longo do desenvolvimento humano, possibilitando o enfrentamento e a resolução de conflitos oriundos do meio para que o indivíduo possa se (re)equilibrar e continuar se desenvolvendo (PIAGET, 1976).

Piaget identificou quatro estágios consecutivos do desenvolvimento humano: sensório-motor, pré-operatório, operatório concreto e operatório formal. Cada um desses estágios tem características próprias, engloba e amplia o estágio anterior. Segundo Piaget, todas as pessoas passam por esses estágios nessa ordem, mas a idade pode variar dependendo da maturação (biológica) e dos estímulos recebidos. O primeiro estágio de desenvolvimento é o **sensório- -motor**, que inicia no nascimento e vai, aproximadamente, até os 2 anos de idade. Nesse estágio, a criança ainda não desenvolve a linguagem e os movimentos são sua forma de lidar com o meio e o compreender – a criança precisa agir sobre o meio para compreendê-lo melhor. A sucção é um exemplo de ação executada nesse estágio, seja no ato de mamar, utilizar uma chupeta ou realizar a sucção de quaisquer objetos levados à boca. Inicialmente, a criança está mais interessada na ação do que no resultado da ação, por isso pode realizar a sucção ao mamar, com uma chupeta ou quaisquer outros objetos, ainda que os resultados sejam diferentes. Ao final desse estágio, a criança passa a interiorizar e antecipar os resultados da ação.

O segundo estágio de desenvolvimento é o **pré-operatório**, que vai dos 2 aos 7 anos de idade, aproximadamente. Nesse estágio, a criança está mais apta a representar as coisas a partir do pensamento e já não é mais tão dependente dos objetos. A aquisição da linguagem ocorre nesse período e facilita a socialização da criança. Esse é um período marcado pelo egocentrismo (incapacidade de entender pontos de vista diferentes do seu, de se colocar no lugar do outro), pela centralização da atenção em um aspecto de cada vez (incapacidade em perceber acontecimentos simultaneamente) e irreversibilidade do pensamento – ao acompanhar o desenvolvimento de um processo, a criança é incapaz de pensar o mesmo em seu sentido contrário; por exemplo, se você mostrar para uma criança duas bolinhas de massa iguais e esticar uma delas em forma de salsicha, a criança não relacionará as situações e passará a considerar que a massa em forma de salsicha é maior, pois as formas são diferentes. Outra característica desse estágio é o animismo, ou seja, atribuir ações e sentimentos humanos a objetos. A criança pode supor, por exemplo, que, quando chove, as nuvens estão chorando (MARQUES, 2001).

O terceiro estágio de desenvolvimento é o **operatório concreto**, que vai dos 7 aos 11 anos de idade, aproximadamente. Nesse estágio, a criança desenvolve noções de tempo, espaço, classificação, ordem e causalidade, já é capaz de relacionar diferentes aspectos e abstrair dados da realidade; não se limita a uma representação imediata, mas ainda depende do mundo concreto para chegar à abstração. A criança desenvolve a capacidade de representar uma ação no sentido inverso, anulando a transformação observada (reversibilidade): por exemplo, ao se despejar a água de um copo em outro de formato diferente, para que aparentemente a quantidade seja maior ou menor, a criança entende que a quantidade permanece igual. A criança já diferencia aspectos e é capaz de "desfazer" a ação.

O último estágio de desenvolvimento é o **operatório formal**, que vai dos 12 anos de idade até o fim da vida adulta. Nesse estágio, o sujeito é capaz de realizar abstrações completas, não se limita mais à representação imediata nem somente às relações previamente existentes, mas é capaz de pensar em todas as relações possíveis logicamente, buscando soluções a partir de hipóteses e não apenas pela observação da realidade. Em outras palavras, as estruturas cognitivas da criança alcançam seu nível mais elevado de desenvolvimento e se tornam aptas a aplicar o raciocínio lógico em todas as classes de problemas. Por exemplo, ao dizer para o sujeito que "de grão em grão, a galinha enche o papo", o mesmo opera com a ideia (metáfora), e não com a imagem, de uma galinha comendo grãos (PIAGET, 1980). O interesse de Piaget foi compreender o funcionamento do pensamento humano nos diferentes estágios de seu desenvolvimento. Os estágios se caracterizam por uma evolução qualitativa; para Piaget, o ser humano é ativo na construção do conhecimento.

Cabe destacar que Vygotsky e Piaget são teóricos cognitivistas que compreendem o desenvolvimento humano a partir de uma lógica interacionista do indivíduo com o meio e do indivíduo com outros indivíduos. Porém, Vygotsky foca mais no sociointeracionismo e enfatiza as interações do indivíduo com o meio; Piaget, por outro lado, concentra-se mais no interacionismo construtivista e enfatiza o desenvolvimento das estruturas cognitivas do indivíduo a partir da construção do conhecimento.

Teorias psicanalíticas: Freud e Erikson

As teorias psicanalíticas se originam de concepções e práticas psicanalíticas diferentes. Cada teoria emerge de especificidades do seu autor e dos impasses enfrentados em determinados momentos da história. A psicanálise surgiu com Sigmund Freud e não teve o intuito de influenciar a psicologia acadêmica. No princípio, centrou-se tão somente no atendimento clínico de pacientes.

A ênfase da psicanálise freudiana está nos aspectos psicossexuais do desenvolvimento humano. Freud considera que a libido marca e influencia todas as experiências humanas; assim sendo, a interação dos indivíduos com o meio se dá em uma constante busca pela satisfação do prazer.

De acordo com Engler (2009), para Freud, a psique humana está organizada em três diferentes estruturas: *id*, ego e superego. O *id* é a estrutura mais primitiva da psique, uma importante fonte de libido e é desprovido de qualquer organização; é impulsionado pelo prazer e pela satisfação imediata das necessidades. Se as necessidades não são satisfeitas imediatamente se gera um estado de ansiedade ou tensão: por exemplo, a fome ou a sede devem produzir uma tentativa imediata de comer ou beber. O *id* é muito importante nos primeiros anos de vida porque assegura que as necessidades básicas de uma criança sejam atendidas. Se uma criança está com fome ou desconfortável, ela vai chorar até que se satisfaçam as necessidades do *id*. Contudo, e com o passar do tempo, é impossível satisfazer todas as necessidades do *id*. Guiados somente pelo princípio da satisfação de nossos prazeres, molestaríamos a outros para tão somente satisfazer nossos desejos e necessidades. O *id* tenta resolver essa questão por meio da formação de imagens mentais do objeto desejado como uma forma de satisfazer a necessidade. Os limites impostos pela realidade contribuem para o desenvolvimento de uma estrutura psíquica intermediária, o ego, que se desenvolve a partir do *id*, canalizando e organizando as energias provenientes do mesmo. O ego opera com base na realidade e é uma instância que busca satisfazer os desejos do *id*, mas considerando os limites impostos pela realidade. Considerar a realidade significa avaliar os prós e os contras de uma ação antes de controlar os impulsos ou ceder a eles. A partir do ego, os impulsos do *id* podem ser satisfeitos por meio de uma gratificação atrasada, ou seja, o ego permitirá a gratificação somente nas circunstâncias adequadas. O superego se forma a partir da adaptação do ego às regras e convenções sociais. É responsável pela formação de um senso crítico, da concepção sobre o que é certo ou o que é errado. O superego fundamenta os julgamentos e juízos de valor realizados. Segundo Freud, o superego começa a surgir por volta dos cinco anos de idade e atua para controlar os impulsos inaceitáveis do *id* e também para induzir o ego a atuar fundamentado em ideias, em vez de em possibilidades reais. O *id*, o ego e o superego não são três estruturas da psique humana separadas e com fronteiras definidas; pelo contrário, são diferentes processos e funções dinâmicas que ocorrem simultaneamente (ENGLER, 2009).

Freud considera, segundo Engler (2009), que a busca por prazer e o controle da libido estão na base de todas as fases do desenvolvimento psicossexual. Para Freud, o desenvolvimento humano é composto por cinco diferentes fases: fase oral, fase anal, fase fálica, período de latência e fase genital. A fase oral vai do nascimento ao primeiro ano de idade, aproximadamente. Nessa fase, a boca é a zona erógena e a alimentação é a fonte de prazer. A sucção de quaisquer objetos (bicos ou chupetas, por exemplo) pode ser uma fonte de prazer complementar. A fase oral, em geral, coincide com o fim do período de amamentação da criança. A segunda fase do desenvolvimento é a fase anal, que vai do primeiro aos três anos de idade, aproximadamente. Ao aprender sobre higiene íntima, por exemplo, a criança se interessa pela região anal e até mesmo pelas próprias fezes (o que considera uma "criação" sua). Nesse período, o prazer está diretamente relacionado ao controle dos esfíncteres, a expulsar ou reter especialmente através do ânus. A terceira fase do desenvolvimento psicossexual é a fase fálica, que vai dos três aos cinco anos de idade, aproximadamente. Esse período é considerado por Freud como crucial para o desenvolvimento sexual, já que, nessa fase, a criança se concentra nos órgãos genitais (falo). Nesse período, a energia sexual se concentra no progenitor ou na progenitora do sexo oposto. No caso dos meninos, a energia sexual é canalizada na mãe e isso pode levar à inveja do pai (Complexo de Édipo); no caso das meninas, a energia sexual é canalizada no pai e isso pode levar à inveja da mãe (Complexo de Édipo Feminino). A expectativa de punição devido aos desejos inconscientes e proibidos, assim como o receio de perder o afeto dos progenitores, levam à interiorização das proibições e à repressão dos complexos de Édipo. O período de latência vai aproximadamente dos cinco anos até a puberdade. Esse período é resultante da resolução dos conflitos vividos na fase fálica. Com a repressão temporária dos desejos sexuais, recalcamento libidinal, perde-se o interesse pelo próprio corpo e há um maior interesse em atividades exteriores sem cunho sexual. Por último, da puberdade ao fim da vida adulta, vive-se a fase genital. Nesse período, novamente, a energia sexual se volta para os órgãos genitais. Os conflitos das fases anteriores atingem uma estabilidade relativa e, nessa fase, alcança-se a maturidade sexual e a pulsão sexual converge para relações interpessoais.

Se para Freud o desenvolvimento humano tem uma base psicossexual, para Erikson o desenvolvimento humano tem uma base psicossocial. Segundo Erikson (1968), em cada fase da vida há uma crise (crises bipolares) que pode ser resolvida positivamente ou negativamente, o que é determinante para o desenvolvimento. A primeira crise vai do nascimento até, aproximadamente, o segundo ano de vida. Trata-se de uma crise de **confiança básica x desconfiança**. A resolução dessa crise depende da capacidade da família de atender às necessidades básicas da criança, como alimentação, atenção, conforto, segurança e etc. Entre os dois e os três anos de idade, aproximadamente, há a crise de **autonomia x vergonha**. Nesse período, a criança pode experimentar novas capacidades (controle do esfíncter, por exemplo) e maior autonomia. Em um ambiente em que recebe suporte e é encorajada, a criança desenvolve autonomia; em um ambiente em que não é estimulada, a criança duvida de suas capacidades e se sente envergonhada. A terceira crise ocorre entre os quatro e seis anos de idade e se caracteriza pela **iniciativa x culpabilidade**. O maior domínio das coordenações motoras e da linguagem permite à criança explorar mais o meio, e a resolução bem-sucedida dos conflitos anteriores permite que ela tenha maior iniciativa para isso. Por outro lado, os insucessos anteriores podem levar a criança a culpabilizar-se e acreditar que não é capaz de realizar seus projetos. A quarta crise é denominada **realização x inferioridade** e vai dos seis aos doze anos de idade aproximadamente. Nessa fase, a criança amplia suas relações sociais e adquire aprendizados e competências valorizadas socialmente. Especialmente a interação com os pares é determinante para as sensações de sucesso ou fracasso. Dependendo do balanço mais ou menos positivo, a criança poderá sentir-se realizada por suas competências ou inferiorizada para enfrentar os desafios que a ampliação das relações sociais acarreta. Dos treze aos dezoito anos de idade (adolescência), ocorre a quinta crise, **identidade x confusão**. Nesse período, o modo como o adolescente se vê, o modo como acha que os outros o veem, o que ele acha que esperam dele e a adequação às normas sociais influenciam a consolidação ou a confusão em relação à sua identidade. A formação da identidade é um processo integrador das transformações pessoais, das exigências sociais e das expectativas em relação ao futuro (SPRINTHALL; COLLINS, 1994). A sexta crise é vivida pelo jovem adulto e é pautada pelo **isolamento x intimidade**. Nessa fase, está em jogo o investimento afetivo, a capacidade de manter relações mais estáveis e duradouras e o desejo de partilhar a vida com alguém. A resolução bem-sucedida dos conflitos resultará em relações de maior intimidade e compromisso com outras pessoas; o contrário resultará em isolamento. A sétima fase ou conflito é referida por Erikson (1968) como **produtividade x estagnação**. Nesse período, está em foco a capacidade de produção de trabalho, de ser responsável pelo bem--estar e pela vida das pessoas que dependem de si. Se não estiver absorto em si, o indivíduo é capaz de cuidar de outras pessoas e ser responsável por elas; do contrário, segue estagnado em si. Por último, vive-se a crise da **integridade x desespero**. Nessa fase, vive-se um balanço mais ou menos positivo em relação à aceitação do que se viveu, das experiências pelas quais se passou, de tudo que se enfrentou.

Link

No link a seguir, você encontra um breve documentário sobre a vida e obra de Sigmund Freud. Assista!

https://goo.gl/Np0Vsr

> **Exemplo**
>
> Todos os anos nos deparamos com imagens chocantes de pessoas se empurrando, pisoteando e até mesmo se agredindo para comprar produtos durante a *Black Friday*. Segundo a teoria psicanalítica de Freud, ao fazer isso, as pessoas estão, tão somente, satisfazendo aos impulsos e desejos do seu id. O ego e o superego estão sendo anulados e não importa, nesse momento, se é necessário machucar ou magoar outras pessoas para atingir o objetivo de comprar determinada mercadoria.

> **Referências**
>
> ENGLER, B. *Personality theories*. Boston: Houghton Mifflin Harcourt, 2009.
>
> ERIKSON, E. H. *Identity, youth and crisis*. New York: W. W. Norton, 1968.
>
> MARQUES, T. B. I. Desenvolvimento cognitivo da criança de educação infantil. In: ROMAN, E. D.; STEYER, V. E. (Org.). *A criança de 0 a 6 anos e a educação infantil*: um retrato multifacetado. Canoas: ULBRA, 2001. p. 48-58.
>
> PIAGET, J. *A equilibração das estruturas cognitivas: problema central do desenvolvimento*. Rio de Janeiro: Zahar, 1976.
>
> PIAGET, J. *A representação do mundo na criança*. Rio de Janeiro: Record, 1980.
>
> SPRINTHALL, N. A.; COLLINS, W. A. *Psicologia do adolescente*. Lisboa: Fundação Calouste Gulbenkian, 1994.
>
> VYGOTSKY, L. S. *A formação social da mente*. São Paulo: Martins Fontes, 1984.
>
> VYGOTSKY, L. S. *A construção do pensamento e da linguagem*. São Paulo: Martins Fontes, 2001.
>
> VYGOTSKY, L. S. *Obras escogidas*. Visor: Madri, 1995. t. 3.

Gravidez e vida intrauterina: a formação do bebê e o conceito de infância

Objetivos de aprendizagem

Ao final deste texto, você deve apresentar os seguintes aprendizados:

- Identificar as características da formação intrauterina do feto.
- Reconhecer as características emocionais do feto ainda na vida uterina.
- Reconhecer, na fase intrauterina, a importância do vínculo entre mãe e bebê.

Introdução

Você já parou para refletir sobre questões envolvendo a concepção de uma vida humana? Ainda que você não seja especialista no assunto, já pode imaginar, pelo conhecimento de mundo que tem, que existe uma série de aspectos complexos desde que um (ou mais, no caso de gêmeos, trigêmeos, por exemplo) espermatozoide e um óvulo se unem, a partir do que, aproximadamente 9 meses depois, nascerá o fruto desse encontro.

É sobre essas questões que discutiremos neste capítulo. Você conhecerá as características da formação intrauterina do feto e, assim, poderá reconhecer as características emocionais que envolvem essa formação, assim como destacar a importância do vínculo entre mãe e bebê na fase intrauterina.

As principais caraterísticas da formação intrauterina do feto: o desenvolvimento pré-natal

Em torno de uma gravidez, existe uma série de circunstâncias e variáveis que influenciarão a gestação de modo favorável, ou não. Os relacionamentos e o meio em que a gestante está inserida podem influenciar em uma gravidez, planejada, desejada ou não; pode ser uma produção independente, de um casal que seja casado, pais do mesmo sexo, muito jovens ou maduros, com condições sociais favoráveis e desfavoráveis, por exemplo.

Um simples teste de gravidez, vendido comumente em farmácias, e um exame de ultrassom são ferramentas capazes de diagnosticar a presença de um feto no útero. O ultrassom possibilita acompanhar toda a fase intrauterina, identificando, inclusive, se existe algum problema na formação dessa nova vida.

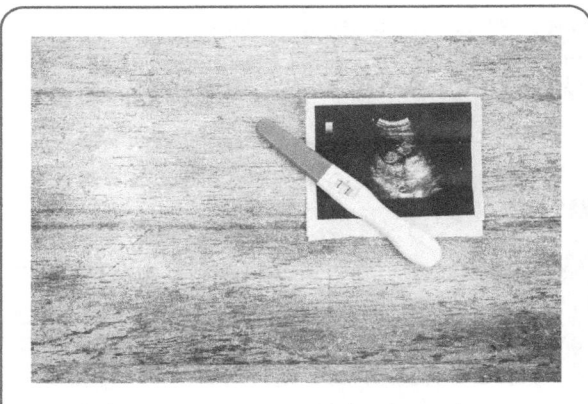

Figura 1. Teste e exame para verificação da gravidez.
Fonte: Pikul Noorod/Shutterstock.com.

Para que o processo de geração de um novo indivíduo inicie, deve ocorrer fecundação ou concepção. Trata-se de um processo em que o espermatozoide e o óvulo se combinam e dão origem ao zigoto, uma célula que se duplica diversas vezes por divisões celulares, produzindo, assim, todas as células que constituem um bebê.

O desenvolvimento pré-natal pode dividir-se em três momentos: germinal, embrionário e fetal (PAPALIA; FELDMAN, 2013, p. 107-112).

- **Período germinal**: inicia na fecundação e dura aproximadamente duas semanas, quando ocorre a divisão do zigoto. Essa fase é caracterizada por rápida divisão celular, formação do blastócito e implantação na parede do útero.
- **Período embrionário**: segundo período da gestação (da segunda à oitava semana), caracterizado pelo rápido crescimento e desenvolvimento dos principais sistemas e órgãos do corpo.
- **Período fetal**: essa fase é caracterizada pelo aparecimento das primeiras células ósseas, em torno da oitava semana. Durante esse período, o feto cresce rapidamente até cerca de 20 vezes seu comprimento anterior, e os órgãos e sistemas do corpo tornam-se mais complexos. Até o nascimento, continuam a se desenvolver os "arremates finais", tais como as unhas dos dedos das mãos e dos pés e as pálpebras.

Quadro 1. O desenvolvimento pré-natal

Mês	Descrição
1º mês	Durante o primeiro mês, o crescimento é mais rápido que em qualquer outra fase durante a vida pré-natal ou pós-natal; o embrião alcança um tamanho 10 mil vezes maior que o zigoto. No final do primeiro mês, ele mede pouco mais de 1 centímetro de comprimento. O sangue flui em suas veias e artérias, que são muito pequenas. Seu coração é minúsculo e bate 65 vezes por minuto. Ele já possui um esboço de cérebro, rins, fígado e trato digestivo. O cordão umbilical, a ligação vital com a mãe, já está funcionando. O sexo ainda não pode ser identificado.

(*Continua*)

(Continuação)

Quadro 1. O desenvolvimento pré-natal

Mês	Descrição
7 semanas	No final do segundo mês, o embrião se torna um feto. Ele mede cerca de 2 centímetros e pesa, aproximadamente, 9 gramas. A cabeça é metade do comprimento total do corpo. As partes da face estão desenvolvidas. Os braços têm mãos, dedos e polegares, e as pernas têm joelhos, tornozelos, pés e dedos. O feto possui uma fina camada de pele e pode deixar impressões das mãos e dos pés. Impulsos cerebrais coordenam os sistemas de órgãos. Os órgãos sexuais estão se desenvolvendo; as batidas cardíacas são regulares. O estômago produz sucos digestivos; o fígado produz células sanguíneas. Os rins retiram ácido úrico do sangue. A pele agora é suficientemente sensível para reagir à estimulação tátil.
3 meses	No final do terceiro mês, o feto pesa em torno de 28 gramas e mede aproximadamente 7,5 centímetros de comprimento. A cabeça ainda é grande – cerca de um terço do comprimento total – e a testa é alta. Seu sexo pode ser facilmente identificado. As costelas e vértebras transformaram-se em cartilagem. O feto pode agora efetuar uma variedade de respostas especializadas: movimentar as pernas, pés, polegares e cabeça; pode abrir e fechar a boca e engolir; se tocadas, as pálpebras fecham parcialmente; se a palma da mão for tocada, ele também a fecha parcialmente; se forem os lábios, ele suga; e se for a sola do pé, os dedos se abrem. Esses reflexos estarão presentes ao nascer, mas desaparecerão durante os primeiros meses de vida.
4 meses	O tamanho está aumentando em comparação ao da cabeça, que agora é apenas um quarto do comprimento total do corpo, a mesma proporção que terá ao nascer. O feto agora mede de 20 a 25 centímetros e pesa em torno de 170 gramas. O cordão umbilical é tão longo quanto o feto e continuará crescendo com ele. A mãe consegue sentir os chutes do feto, um movimento conhecido como agitação, que algumas sociedades e grupos religiosos consideram o começo da vida humana. As atividades reflexas que apareceram no terceiro mês agora são mais enérgicas em virtude do desenvolvimento muscular.

(Continua)

A seguir, observe o Quadro 1 a seguir, que detalha o desenvolvimento pré-natal a cada mês (PAPALIA; FELDMAN, 2013).

(Continuação)

Quadro 1. O desenvolvimento pré-natal

Mês	Descrição
5 meses	O feto, pesando agora entre 300 e 500 gramas e medindo em torno de 30 centímetros, começa a mostrar sinais de personalidade individual. Ele já tem padrões definidos de sono e vigília, tem uma posição favorita no útero (sua inclinação) e torna-se mais ativo – chuta, contorce-se, estica-se e até soluça. Encostando-se o ouvido no abdômen da mãe, é possível ouvir as batidas cardíacas do feto. O sistema respiratório ainda não é adequado para sustentar a vida fora do útero; o bebê que nasce nessa fase geralmente não sobrevive.
6 meses	A taxa de crescimento fetal diminui um pouco – no final do sexto mês, o feto mede cerca de 35 centímetros de comprimento e pesa em torno de 570 gramas. Ele tem camadas de gordura sob a pele; os olhos estão completos, abrindo, fechando e vendo em todas as direções. Ele pode ouvir e pode fechar a mão com força. O feto que nasce prematuramente aos seis meses tem poucas chances de sobrevivência, pois o aparato respiratório ainda não amadureceu. Os avanços da medicina, no entanto, estão aumentando cada vez mais as chances de sobrevivência se o nascimento ocorrer no final deste período.
7 meses	No final do sétimo mês, o feto, com cerca de 40 centímetros de comprimento, pesando entre 1,5 e 2,5 quilos, agora desenvolveu plenamente os padrões de reflexo. Ele chora, respira e engole e pode sugar o polegar. O cabelo poderá continuar crescendo.
8 meses	O feto de 8 meses tem entre 45 e 50 centímetros de comprimento e pesa de 2,5 a 3 quilos. Sua moradia está ficando apertada e, portanto, seus movimentos se tornam mais limitados. Durante este mês e no próximo, desenvolve-se uma camada de gordura sobre o corpo do feto, a qual lhe permitirá ajustar-se às temperaturas variáveis fora do útero.
9 meses	Por volta de uma semana antes do nascimento, o feto para de crescer, tendo alcançado um peso médio de aproximadamente 3,5 quilos e um comprimento em torno de 50 centímetros; os meninos geralmente são um pouco maiores e mais pesados que as meninas. Camadas de gordura continuam a se formar, os sistemas de órgãos estão operando com mais eficiência, o ritmo cardíaco aumenta e mais dejetos são expelidos através do cordão umbilical. A cor avermelhada da pele vai desaparecendo. Ao nascer, terá permanecido no útero por cerca de 266 dias, embora a idade gestacional geralmente seja estimada em 280 dias, pois a maioria dos médicos registra o início da gravidez a partir do último período menstrual da mãe.

Quadro Fonte: Fonte: Papalia e Feldman (2013, p. 108-109).

Como se observa no Quadro 1, ocorrem muitas transformações em todo o desenvolvimento pré-natal, sendo de suma importância o procedimento também denominado pré-natal, que se trata de um acompanhamento médico a fim de que se assegure a integridade, as condições físicas e emocionais da gestante por meio de consultas e realizações de exames periodicamente. Com isso, é possível prevenir e identificar possíveis problemas ou doenças que possam afetar de algum modo o feto.

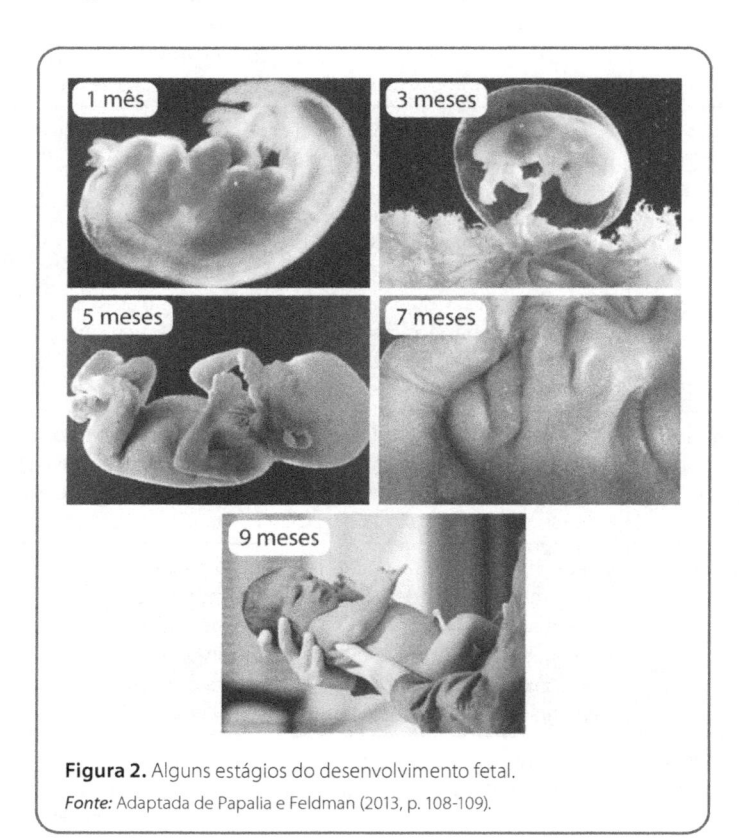

Figura 2. Alguns estágios do desenvolvimento fetal.
Fonte: Adaptada de Papalia e Feldman (2013, p. 108-109).

As principais características emocionais do feto na vida intrauterina

Há tempos, consideravam que a psique humana se iniciava a partir do nascimento, com o rompimento com o cordão umbilical (Figura 3). Essa visão foi, aos poucos, sendo desconsiderada depois que estudos realizados durante a vida intrauterina observaram que, a partir da formação do embrião, passa a existir uma conexão entre mãe e feto em uma relação mútua de trocas.

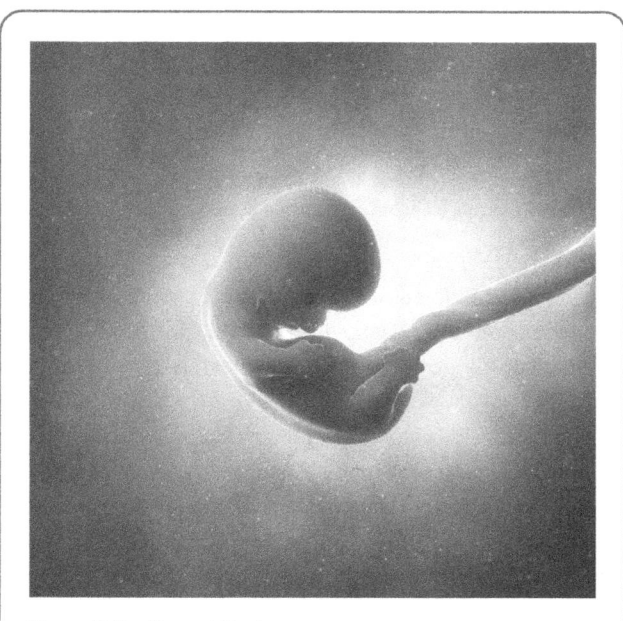

Figura 3. Cordão umbilical.
Fonte: Sebastian Kaulitzki/Shutterstock.com.

O cordão umbilical conecta o feto em desenvolvimento à placenta. Durante todo tempo de gestação, seu desenvolvimento dependerá dessa troca que não é só de oxigênio e nutrição, mas também de sentimentos, já que não há como dissociar as emoções do feto das de sua mãe.

A chegada de uma nova vida humana pode revelar uma série de sentimentos. Sabemos que não são todas as histórias de gravidez em que um casal que se ama constitui um matrimônio e, com uma estrutura adequada, planeja seu primeiro bebê. Há diversas versões para novos nascimentos frutos de relações casuais, de casais com dificuldades de se relacionar, com problemas familiares, profissionais, financeiros e que, de repente, deparam-se com uma gravidez não planejada. Certamente, para cada história haverá um resultado em que esses fatores influenciarão positiva ou negativamente os estados emocionais da mãe e dessa vida que habita em seu útero. Paralelamente a isso, segundo Gerhardt (2017, p. 13):

> [...] o feto também está construindo hipóteses sobre a vida que o espera – como em uma "previsão do tempo", ele precisa se preparar para as condições futuras. Será uma vida com uma alimentação abundante, ou ele precisará armazenar tantas calorias quanto possível a fim de sobreviver? Se a mãe sofre de subnutrição ou ingere comida industrializada durante o início da gestação, o feto pode chegar à conclusão de que não haverá oferta de muito mais do que isso, de modo que ele desenvolve o que foi chamado de "fenótipo poupador", concebido para fazer o melhor uso possível dos recursos disponíveis (Barker 1992). O estresse também tem efeitos de alcance surpreendentemente elevado no desenvolvimento dos sistemas nutricionais do feto. Altos níveis de hormônios do estresse tendem a aumentar a secreção de leptina, o hormônio que controla o apetite e a ingestão de alimentos.

Assim, como depreendemos de Gerhardt (2017), o feto já interage de acordo com o que recebe como um reflexo da condição física e psíquica de sua mãe. O estado de espírito da gestante também interfere no estado emocional do feto em formação.

É natural que a gravidez venha acompanhada por doses variadas de ansiedade, já que se caracteriza como uma mudança em todos os aspectos, repleta de desafios e responsabilidades que vêm acompanhados da expectativa de como os demais membros da família lidarão com a chegada dessa nova vida. Será que existe uma estrutura adequada para lidar com os cuidados necessários? Será que nesses aproximadamente nove meses tudo correrá bem, não haverá riscos ou má formação? E o parto, como será? Esses são alguns dos muitos questionamentos comumente observáveis.

A diferença de como essas emoções impactarão na vida intrauterina irá depender de como a mãe lidará com essas questões. Ela tanto pode transformar essas expectativas em um impulso para levar uma gestação do modo mais harmônico e saudável possível quanto pode ter uma tendência ao negativismo fruto de alguma frustração, por exemplo. Em relação ao stress Gerhardt (2017, p. 13) esclarece:

> As mulheres que estão sob estresse podem passá-lo para o filho. No entanto, não há uma definição fácil de "estresse" nesse contexto. Muitas mulheres que têm um trabalho exigente veem isso como uma fonte de estímulo, não de estresse; até mesmo relacionamentos desafiadores ou intensos podem ser fundamentalmente seguros e uma fonte de força. Em todos os casos, níveis moderados de estresse podem ser bons para o feto, de acordo com um estudo feito por Janet Di Pietro (2006). Ela e seus colegas de Baltimore constataram que um leve estresse ou ansiedade em uma gestação estável e saudável poderia predispor o sistema nervoso a amadurecer mais rapidamente e poderia estimular o desenvolvimento motor e cognitivo do feto – efeitos que foram seguidos até os 2 anos de idade.

Além das considerações de Gerhardt (2017) a respeito do estresse, as excitações emocionais no período pré-natal podem também causar outras reações ao cérebro, afetando o volume da área relacionada à memória. Nos meses finais da gestação, quando o feto dorme e sonha com mais intensidade, os efeitos das emoções são mais impactantes devido ao rápido crescimento cerebral.

Assim, é de suma importância que a mãe tenha o apoio necessário para controlar seu estado psicológico, sob pena de transmitir para seu bebê um nível de ansiedade e até depressão, que pode resultar em uma probabilidade maior de que essa nova vida encontre dificuldades em lidar com essas emoções e, em maior grau, que até mesmo seja portadora de transtornos de atenção e hiperatividade, por exemplo.

A importância do vínculo entre mãe e bebê na fase intrauterina

O termo "vínculo" denota união, elo, ligação, partes inseparáveis, o que já nos leva a ter noção do quanto essa expressão se relaciona com as mães e seus bebês, não é mesmo? Mas será que toda gravidez por si só já constrói essa relação de afeto como costumamos ver em filmes românticos e na maioria das novelas?

O fato é que, na vida real, é bem comum que a gravidez se torne um acontecimento que acabe gerando (ou intensificando) uma instabilidade emocional, com possibilidade maior de ocorrer com as gestantes que não construíram, ao longo de suas vidas, bases sólidas e amadurecimento para lidar com sentimentos. Isso é natural, já que se tornar gestante não anula toda bagagem de vida que essa mãe carrega, de modo que todo esse emaranhado de emoções será partilhado com o bebê em sua fase intrauterina.

Outra situação que resultar em depressão na gestação é quando essa mulher, na infância, passou por muitas experiências que causaram infelicidade. Rejeições emocionais nos primeiros anos de vida que ficaram guardadas tanto no consciente quanto no inconsciente favorecem o aumento da baixa autoestima, dificuldade de aceitação e de relacionar-se. Ao assumir o papel de mãe, muitos desses sentimentos vem à tona e impactam na construção de vínculo intrauterino. Nesse caso, é fundamental ter um apoio familiar, e até mesmo terapêutico, para superar essas dificuldades o quanto antes, de maneira que não transfira para essa nova vida essas impressões negativas.

> ### Saiba mais
>
> **Será que o amor importa?**
> Pode parecer extraordinário que esse período oculto do desenvolvimento no ventre deveria ter tal importância em nossas vidas, mas o feto já está se preparando para a sua vida futura e se adaptando às informações que recebe quanto às condições que terá pela frente. Isso inclui as condições culturais: estaria a mãe em uma cultura afetuosa que lhe possibilita alimentar-se bem, descansar e desfrutar de sua vida? Ou será que o feto precisa se preparar para momentos ameaçadores e estressantes, para uma cultura em que a nutrição e o amor são recursos escassos? O feto precisa receber informações adequadas para que possa se adaptar às suas circunstâncias.
>
> No entanto, se as coisas não correrem bem durante a gestação, nem tudo estará perdido, de modo algum. Essas questões ainda estão abertas a interpretações adicionais pelo bebê no período pós-natal. Como os bebês humanos nascem com um cérebro que mede apenas um quarto de seu tamanho adulto final – um cérebro muito mais incompleto do que o de outros mamíferos – os cuidados na primeira infância (e além) desempenham um papel muito maior na sua formação. Muitos sistemas regulatórios ainda estão em desenvolvimento, e novas adaptações à realidade estão sendo feitas. Ainda há boas chances de que alguns desses sistemas em desenvolvimento inicial se recuperem, especialmente no período pós-natal imediato (BERGMAN et al., 2008). Por exemplo, o vínculo positivo e o apego seguro durante o primeiro ano de vida podem possibilitar que um hipocampo pequeno afetado pelo estresse recupere o seu volume normal (BUSS et al., 2012). Também há novo crescimento no córtex pré-frontal em resposta a experiências sociais positivas. Isso pode oferecer diferentes modos de gerenciar e regular as emoções. Em outras palavras, se a criança encontrar amor, ainda conseguirá moldar uma nova realidade.
>
> *Fonte:* Gerhardt (2017).

O fato é que a formação do vínculo não é instantânea, e sim gradativa. Até as doze primeiras semanas, as informações transmitidas pela mãe por meio de suas emoções não são compreendidas pelo embrião, apesar de causar possíveis desconfortos. Um dos modos de reagir a esses incômodos é mexer-se intensamente. Quando a mãe percebe e está em sintonia, instintivamente acaricia a barriga, a fim de transmitir carinho e tranquilidade.

É importante ressaltar que preocupações pouco intensas e transitórias são naturais e não colocam em risco o desenvolvimento do feto. O que causa prejuízo são as situações que provocam alterações na intensidade dos hormônios que são fruto da ansiedade, que geram estresse e passam a ser compartilhados por essas duas vidas. Para reverter esse processo e causar os menores efeitos negativos possíveis na formação desse bebê, é recomendado o aumento dos períodos de descanso e, ao menor sinal de problemas mais sérios, ter um tempo para refletir sobre o problema, não deixando que ele afete, conversando até mesmo com seu bebê sobre a situação. Se as palavras não são compreendidas, o que simbolicamente elas representam chegará até o útero.

Com as informações e orientações apresentadas aqui, a visão romântica da gravidez dá espaço à compreensão de que esse período é um momento de perdas e ganhos. Reconhecer as especificidades dessa fase intrauterina possibilitará um desenvolvimento pré-natal sadio e um esforço de todos para que essa nova vida chegue ao mundo recebendo o amor e compreensão necessários para começar seu percurso.

Saiba mais

"O padrão de resposta das mulheres é mais caracteristicamente de cuidar e ajudar – atividades carinhosas que promovem segurança e confiança nas redes de apoio para troca de recursos e responsabilidades. Esses padrões, ativados pela **oxitocina** e por outros hormônios reprodutivos femininos, podem ter evoluído por meio da seleção natural e podem influenciar o envolvimento das mulheres no apego e no cuidado" (PAPALIA; FELDMAN, 2013, p. 528)

Referências

GERHARDT, S. *Por que o amor é importante*: como o afeto molda o cérebro do bebê. 2. ed. Porto Alegre: Artmed, 2017.

PAPALIA, D. E.; FELDMAN, R. D. *Desenvolvimento humano*. 12. ed. Porto Alegre: AMGH, 2013.

Desenvolvimento biopsicossocial na 1ª infância (0-2 anos)

Objetivos de aprendizagem

Ao final deste texto, você deve apresentar os seguintes aprendizados:

- Definir o desenvolvimento biopsicossocial de 0 a 2 anos, destacando suas características.
- Caracterizar o desenvolvimento cognitivo de 0 a 2 anos.
- Caracterizar o desenvolvimento motor de 0 a 2 anos.

Introdução

Neste capítulo você irá estudar sobre variados aspectos que envolvem o desenvolvimento de crianças em sua primeira infância, fase que compreende o período de 0 a 2 anos. Nesse processo de maturação, há uma estrutura biológica e psicológica integrada que possibilita a aquisição de habilidades motoras e cognitivas enquanto a criança interage socialmente com o ambiente. Para isso, você verá, a partir do período de vida de 0 a 2 anos, as características e definições desse desenvolvimento biopsicossocial. Posteriormente, você conhecerá as especificidades do desenvolvimento cognitivo e motor relativos a essa etapa evolutiva e que são determinantes para as próximas fases do desenvolvimento infantil.

Desenvolvimento biopsicossocial de crianças de 0 a 2 anos

Se existe um período de crescimento de um indivíduo em que notamos rápidas transformações, é a fase da primeira infância, que corresponde ao período de 0 a 2 anos. Se você já teve a oportunidade de acompanhar o crescimento do filho de um familiar, amigo ou vizinho, por exemplo, verá o quão surpreendente é esse desenvolvimento – e essa não é apenas uma impressão. O crescimento nesses dois primeiros anos ocorre de modo expressivo; entre os aspectos envolvidos nessa evolução, existem os biológicos, físicos e psíquicos (COLL; MARCHESI; PALACIOS, 2004, p. 55):

> Desde o próprio momento da concepção, e como ocorre com o de qualquer outro ser vivo, o organismo humano tem uma "lógica biológica", uma organização e um calendário maturativo. Já que, por outro lado, nosso organismo biológico é a infra-estrutura em que se assentam nossos processos psíquicos, a psicologia evolutiva não pode prescindir da consideração do desenvolvimento físico, pois tal desenvolvimento abre, constantemente, possibilidades evolutivas e impõe limitações à mudança possível em cada momento.

Assim, observamos que a maturação envolve processos complexos e interligados com elementos internos do ponto de vista biológico e físico e elementos externos, que são os construídos socialmente. Para que esse desenvolvimento ocorra de modo saudável, os cuidados com a nutrição (que partem do modo como a mãe se alimenta e dos momentos de amamentação) são de suma importância (Figura 1).

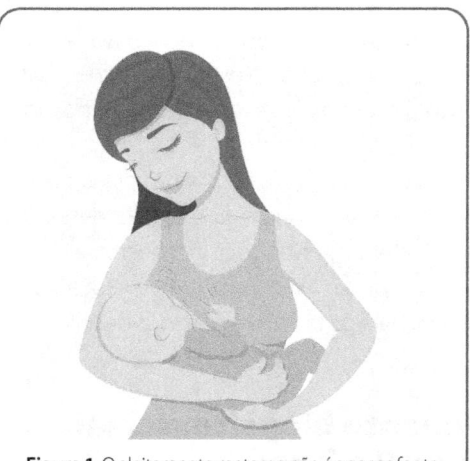

Figura 1. O aleitamento materno não é apenas fonte de nutrientes para o bebê, mas também é uma importante forma de desenvolver o vínculo afetivo.
Fonte: Inspiring/Shutterstock.com.

A primeira fonte de nutrição de um bebê se dá por meio do aleitamento. A alimentação é uma ação que envolve aspectos físicos e emocionais; o contato corporal desenvolve o vínculo de afeto entre mãe e filho.

> **Saiba mais**
>
> **Bebês alimentados com leite materno**
> - Estão menos propensos a contrair doenças infecciosas como diarreia, infecções respiratórias, otite média (infecção do ouvido médio) e infecções estafilocócicas, bacterianas e do trato urinário.
> - Apresentam menor risco de síndrome da morte súbita infantil (SIDS) e de morte pós-neonatal.
> - Apresentam menor risco de doença inflamatória intestinal.
> - Apresentam melhor acuidade visual, desenvolvimento neurológico e saúde cardiovascular de longo prazo, incluindo níveis de colesterol.
> - Estão menos propensos a desenvolver obesidade, asma, eczema, diabetes, linfoma, leucemia infantil e doença de Hodgkin.
> - Estão menos propensos a apresentar retardo motor ou na linguagem.
> - Apresentam pontuações mais altas em testes cognitivos na idade escolar no começo da vida adulta.
> - Têm menos cáries e estão menos propensos a precisar de aparelhos dentários.
>
> *Fonte:* Papalia e Feldman (2013, p. 149).

Como é possível observar, o leite materno previne diversas doenças, protege o bebê de infecções, traz benefícios biológicos, cognitivos e psicológicos ao estimular o vínculo afetivo.

Cabe discutir, também, as relações entre o cérebro e os reflexos apresentados pelos recém-nascidos. O cérebro, que se assemelha a uma noz enrugada gigante, é a maior parte do encéfalo; ele se divide em duas metades, ou hemisférios esquerdo e direito, cada um dos quais com funções especializadas. O hemisfério esquerdo é o centro da linguagem e do pensamento lógico. O hemisfério direito processa as informações visuais e espaciais, permitindo ler mapas ou desenhar. Ligando os dois hemisférios, existe uma faixa rígida de tecido denominada corpo caloso. Em uma vista lateral de uma metade do cérebro humano, o corpo caloso pareceria a seção transversal da coroa de um cogumelo. O corpo caloso é como uma mesa telefônica gigante de fibras conectando os hemisférios e permitindo que ambos compartilhem informações e coordenem comandos. Ele cresce drasticamente durante a infância, atingindo o tamanho adulto em torno dos 10 anos (Figura 2) (MARTORELL, 2014).

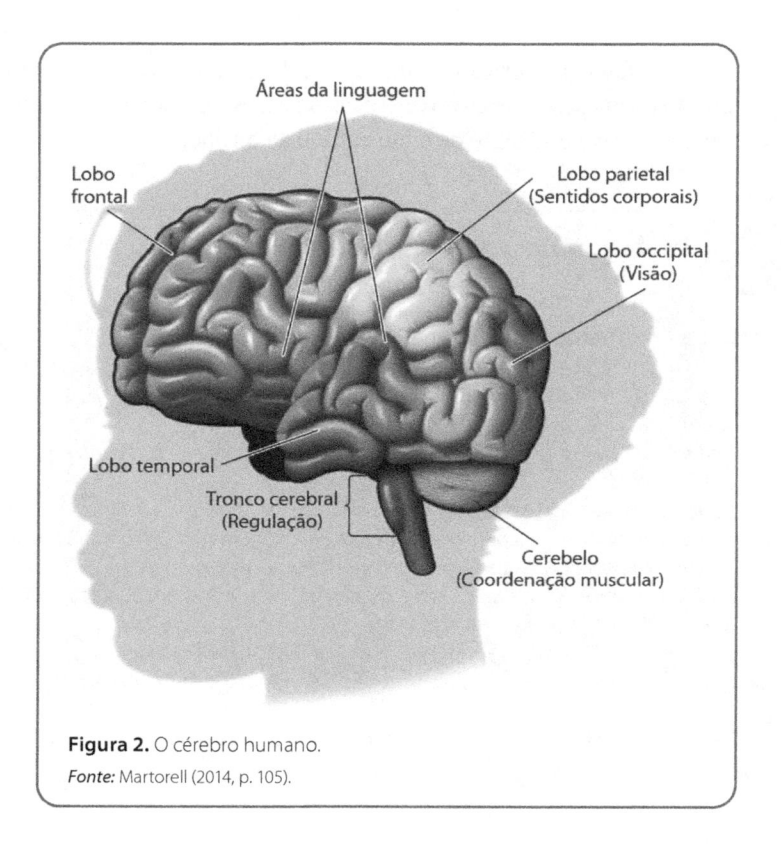

Figura 2. O cérebro humano.
Fonte: Martorell (2014, p. 105).

    Tendo em vista algumas de suas principais partes e suas funções especificadas em Martorell (2014) e na Figura 2, é importante ressaltarmos que, devido à sua plasticidade, a estrutura do cérebro é modificada continuamente por meio das experiências do indivíduo com o ambiente, causando efeitos tanto de curta quanto de longa duração, dependendo de como essas informações foram aprendidas e armazenadas.

    Outras funções cerebrais dizem respeito às capacidades sensoriais. Essas áreas responsáveis por esse desenvolvimento crescem aceleradamente nos meses iniciais, favorecendo os sentidos de tato, visão, olfato e paladar e oportunizando ao bebê perceber o mundo que o cerca. A partir do nascimento, já é possível ver, ouvir, sentir o toque, identificar gostos, odores e realizar movimentos, apesar de esses orgãos ainda terem um longo período para se desenvolver até a maturação completa. Em relação a outras capacidades, esse tempo é menor, visto que em poucas semanas o sistema perceptivo atinge níveis bem próximos aos níveis de uma pessoa adulta (COLL; MARCHESI; PALACIOS, 2004).

Durante aproximadamente 9 meses, o feto partilha com sua mãe as emoções e, quando nasce, passa a perceber o mundo que o cerca, trazendo essas experiências e vivenciando novos sentimentos. O desenvolvimento social das crianças de 0 a 2 anos é relativamente padronizado, conforme se observa na Figura 3.

Destaques do desenvolvimento psicossocial dos bebês e crianças, do nascimento aos 36 meses	
Idade aproximada, meses	Características
0-3	Os bebês são receptivos à estimulação. Eles começam a demonstrar interesse e curiosidade e sorriem prontamente para as pessoas.
3-6	Os bebês podem antecipar o que está prestes a acontecer e experimentar decepção quando isso não acontece. Eles mostram isso ficando zangados ou agindo cautelosamente. Eles sorriem, arrulham e riem com frequência. Essa é uma época de despertar social e das primeiras trocas recíprocas entre o bebê e o cuidador.
6-9	Os bebês jogam "jogos sociais" e tentam obter respostas das pessoas. Eles "falam", tocam e incitam outros bebês a responder. Eles expressam emoções mais diferenciadas, demonstrando alegria, medo, raiva e surpresa.
9-12	Os bebês estão intensamente preocupados com seu principal cuidador, podem desenvolver medo de estranhos e agir com desânimo em novas situações. Com 1 ano de idade, eles comunicam emoções de maneira mais clara, demonstrando humores, ambivalência e gradações de sentimento.
12-18	Crianças pequenas exploram seu ambiente, usando as pessoas com as quais têm mais apego como base segura. À medida que dominam o ambiente, tornam-se mais confiantes e mais ávidas por autoafirmação.
18-36	Crianças pequenas, às vezes, tornam-se ansiosas porque, agora, compreendem o quanto elas estão se separando de seu cuidador. Elas elaboram a consciência de suas limitações na fantasia e no brincar e pela identificação com adultos.

Figura 3. Desenvolvimento psicossocial de bebês e crianças (de 0 a 3 anos).
Fonte: Sroufe (1997 apud MARTORELL, 2014, p. 146).

O desenvolvimento psicossocial dos bebês revela o quanto eles percebem e interagem com o ambiente, comunicando-se, e essas experiências vão ter influências em comportamentos seguintes, sendo necessário um olhar atento e sensível a cada uma dessas etapas do desenvolvimento infantil.

No que tange ao convívio social no ambiente escolar na etapa de inserção na creche, a criança deve ser cuidada a partir de uma visão integrada, com a promoção de situações que respeitem a individualidade e a diversidade, desenvolvendo e ampliando suas capacidades de autoconhecimento e conhecimento do mundo que a cerca.

Assim, cabe ao espaço educacional planejar atividades, organizando o ambiente e o tempo com o objetivo de estimular o processo de desenvolvimento motor, cognitivo, emocional e social das crianças.

Desenvolvimento cognitivo de crianças de 0 a 2 anos

Crianças de todos os tempos e lugares têm uma capacidade de nos surpreender pelo modo como interagem, pela inteligência que demonstram, as habilidades cognitivas que revelam, a curiosidade que as move quando ainda nem aprenderam as primeiras palavras. Para dar conta de compreender muitos desses comportamentos e desenvolvimentos, diversos pesquisadores e psicólogos se dedicaram a esses estudos; dessas observações, destacaremos seis abordagens apresentadas por Papalia e Feldman (2013) que nos oportunizam a compreender o desenvolvimento da cognição:

- **Abordagem behaviorista:** estuda os mecanismos básicos da aprendizagem. Os behavioristas querem saber como o comportamento muda em resposta à experiência.
- **Abordagem psicométrica:** mede as diferenças quantitativas nas habilidades que compõem a inteligência, utilizando testes que indicam ou preveem essas habilidades.
- **Abordagem piagetiana:** volta-se para as mudanças, ou estágios, na qualidade do funcionamento cognitivo. Interessa-se em saber como a mente estrutura suas atividades e se adapta ao ambiente.
- **Abordagem do processamento de informação:** focaliza a percepção, aprendizagem, memória e resolução de problemas. Seu objetivo é descobrir como as crianças processam as informações do momento em que as recebem até utilizá-las.
- **Abordagem da neurociência cognitiva:** examina o *"hardware"* do nosso sistema nervoso e busca identificar quais são as estruturas do cérebro envolvidas em aspectos específicos da cognição.
- **Abordagem sociocontextual:** examina os efeitos dos aspectos ambientais dos processos de aprendizagem, particularmente o papel dos pais e de outros cuidadores.

Agora que vimos os tipos de abordagens relacionadas ao desenvolvimento cognitivo, veremos como elas concebem o desenvolvimento das crianças de 0 a 6 anos. A abordagem behaviorista considera que a criança já nasce sendo capaz de aprender e com relativa capacidade de memorizar por meio dos sentidos. Segundo os behavioristas, a aprendizagem ocorre por meio do condicionamento clássico e operante: o primeiro se baseia na associação de um estímulo que comumente não provocaria determinada resposta a outro estímulo, que desencadeia tal resposta de modo reflexivo e involuntário. Como exemplo, podemos citar o disparar de um *flash* de uma câmera fotográfica e um piscar de olhos do bebê. Já no condicionamento operante, a aprendizagem se baseia na associação de comportamentos e suas consequências; por exemplo, ao ver os pais, e por meio desse estímulo ambiental, o bebê balbucia ou sorri (MARTORELL, 2014).

Já a abordagem psicométrica verifica por meio de testes (QI - quociente de inteligência) a diferença quantitativa nas habilidades constituintes da inteligência. Apesar de não existir um consenso que defina a inteligência, grande parte dos profissionais admite que o comportamento inteligente diz respeito à capacidade de adquirir, recordar, compreender e resolver problemas (Figura 4).

Figura 4. O desenvolvimento da inteligência pode ser avaliado por meio de várias abordagens.
Fonte: Antonio Guillem/Shutterstock.com.

No caso dos bebês, como, por exemplo, essa medição se torna mais complexa, sendo possível, nessa fase, comparar o desenvolvimento de um bebê em tarefas enquadradas em normas estabelecidas gradualmente de acordo com a idade (MARTORELL, 2014).

Na abordagem piagetiana (PAPALIA; FELDMAN, 2013), o primeiro dos quatro estágios propostos pelo autor é denominado sensório-motor e abrange o período do nascimento até os 2 anos de idade aproximadamente. Nesse período, os bebês podem aprender sobre si e sobre o ambiente que o cerca por meio de ações sensoriais. Dentro desse estágio, existem seis subestágios, apresentados na Figura 5 a seguir, e que compõem o estágio sensório-motor do desenvolvimento cognitivo de Piaget (MARTORELL, 2014).

Os seis subestágios dos estágios sensório-motores do desenvolvimento cognitivo de Piaget*			
Subestágio	Idade	Descrição	Comportamento
1. Uso de reflexos	Nascimento a 1 mês	Os bebês exercitam seus reflexos inatos e adquirem algum controle sobre eles. Eles não coordenam informações de seus sentidos. Não pegam um objeto que estão olhando.	Dorri começa a sugar quando a mama de sua mãe está em sua boca.
2. Reações circulares primárias	1 a 4 meses	Os bebês repetem comportamentos agradáveis que primeiramente ocorrem por acaso (p. ex., sugar o polegar). As atividades focam o corpo do bebê mais do que os efeitos do comportamento no ambiente. Os bebês fazem primeiras adaptações adquiridas, ou seja, eles sugam objetos diferentes de maneira diferente. Eles começam a coordenar informações sensórias e agarram objetos.	Quando recebe uma garrafa, Dylan, que geralmente é amamentado ao seio, é capaz de ajustar sua sucção ao bico de borracha.
3. Reações circulares secundárias	4 a 8 meses	Os bebês tornam-se mais interessados no ambiente; eles repetem ações que produzem resultados interessantes (p. ex., como sacudir um chocalho) e prolongam experiências interessantes. As ações são intencionais, mas inicialmente não dirigidas a metas.	Alejandro empurra pedaços de cereais secos sobre a borda da bandeja de sua cadeirinha um por um e observa cada pedaço cair no chão.
4. Coordenação de esquemas secundários	8 a 12 meses	O comportamento é mais deliberado e propositado (intencional) à medida que os bebês coordenam esquemas anteriormente aprendidos (p. ex., olhar e pegar um chocalho) e usam comportamentos anteriormente aprendidos para atingir seus objetivos (p. ex., engatinhar pela sala para pegar um brinquedo que querem). Eles podem antecipar eventos.	Anica aperta o botão de seu livro de cantigas de ninar, o que faz tocar determinada canção. Ela aperta este botão várias vezes, escolhendo esse em vez de outros botões para as outras canções.
5. Reações circulares terciárias	12 a 18 meses	Nessa idade, as crianças demonstram curiosidade e experimentação; elas intencionalmente variam suas ações para ver os resultados (p. ex., sacudindo chocalhos diferentes para ouvir seus sons). Exploram de forma ativa seu mundo para determinar o que é novo em um objeto, um evento ou uma situação. Elas experimentam novas atividades e usam tentativa e erro na resolução de problemas.	Quando a irmã mais velha de Bjorn segura o livro predileto dele perto das grades do berço, ele tenta pegá-lo. Seus primeiros esforços para trazer o livro para dentro do berço fracassam, porque o livro é muito largo. Logo, Bjorn vira o livro de lado e o abraça, satisfeito com seu sucesso.
6. Combinações mentais	18 a 24 meses	Uma vez que crianças pequenas são capazes de representar objetos mentalmente, não estão mais limitadas à tentativa e erro para resolver problemas. O pensamento simbólico permite que as crianças comecem a pensar sobre os fatos e antecipar suas consequências sem sempre recorrer à ação. Começam a demonstrar *insight*. Elas podem usar símbolos, tais como gestos e palavras, e são capazes de fingir.	Jenny brinca com sua caixa de formas, procurando cuidadosamente o orifício certo para cada forma antes de tentar – e consegue.

*Os bebês demonstram crescimento cognitivo considerável durante o estágio sensório-motor à medida que aprendem sobre o mundo por meio de seus sentidos e de suas atividades motoras. Observe seu progresso na resolução de problemas e a coordenação de informações sensoriais. Todas as idades são aproximadas.

Figura 5. Subestágios do estágio sensório-motor do desenvolvimento cognitivo de Piaget.
Fonte: Martorell (2014, p. 127).

Observa-se que Piaget desenvolveu um detalhado estudo, possibilitando identificar importantes aspectos do desenvolvimento infantil e o modo como a criança pode ser estimulada, a fim de que vivencie essas etapas adquirindo as habilidades necessárias para seu pleno crescimento.

Outra abordagem a ser especificada é a relacionada ao processamento de informações. Essa concepção tem o foco na percepção, memória, resolução de problemas e aprendizagem. Os pesquisadores dessa teoria analisam as partes separadas de ações complexas para identificar quais habilidades são necessárias para qual etapa dessas ações e em qual idade essas habilidades começam a se desenvolver. Do período de 0 a 2 anos, foram observados o desenvolvimento da habituação, o processamento visual, o processamento de informações como preditor de inteligência e a relação com o desenvolvimento das capacidades piagetianas (MARTORELL, 2014).

Dando continuidade aos nossos estudos, trataremos da abordagem da neurociência cognitiva: as estruturas cognitivas do cérebro. Esse estudo analisa o sistema nervoso central a fim de identificar quais partes dessa estrutura são responsáveis pelo desenvolvimento da cognição (MARTORELL, 2014). Na primeira infância, as partes cerebrais responsáveis pela memória ainda estão em formação, sendo comum a amnésia infantil até o amadurecimento do hipocampo, responsável por memórias de maior duração (BAUER, 2002). Desde os primeiros meses de vida, é de suma importância a estimulação ambiental para o amadurecimento das estruturas da memória (MARTORELL, 2014).

Concluindo nossas apresentações das abordagens, trataremos da denominada sociocontextual, que tem como objeto de estudo os efeitos do ambiente no processo de aprendizagem. Os pesquisadores que adotam essa concepção encontram, na teoria sociocultural de Vygotsky, influências para compreender como o contexto cultural afeta as interações sociais na primeira infância, promovendo a capacidade cognitiva (MARTORELL, 2014).

Desenvolvimento motor de crianças de 0 a 2 anos

Entre os tantos aspectos visualmente constatados na primeira infância, certamente estão os relacionados ao desenvolvimento motor. Instintivamente, vão surgindo as primeiras habilidades, tais como agarrar, engatinhar e andar. À medida que o sistema nervoso central, os músculos e os ossos se desenvolvem e o bebê encontra em seu ambiente possibilidades de explorar os espaços, mais habilidades vão sendo adquiridas. O desenvlvimento motor é marcado por diversas realizações, nas quais o bebê vai, passo a passo, alcançando novas conquistas (PAPALIA; FELDMAN, 2013).

Ao nascer, grande parte dos bebês já consegue virar a cabeça quando estão deitados de costas. Se estiverem de bruços, muitos deles conseguem erguer a cabeça o suficiente para virá-la. A partir de aproximadamente 2 e 3 meses de idade, já são capazes de erguer a cabeça mais alto. Por volta dos 4 meses, costumam conseguir manter a cabeça ereta quando são seguradas por alguém ou quando estão sentadas. Em relação ao controle das mãos, os bebês já nascem com um reflexo de preensão, ação de agarrar com força qualquer objeto colocado na palma de sua mão (Figura 6). Quando são acariciadas nas palmas das mãos, elas costumam ter o reflexo de fechá-las (PAPALIA; FELDMAN, 2013).

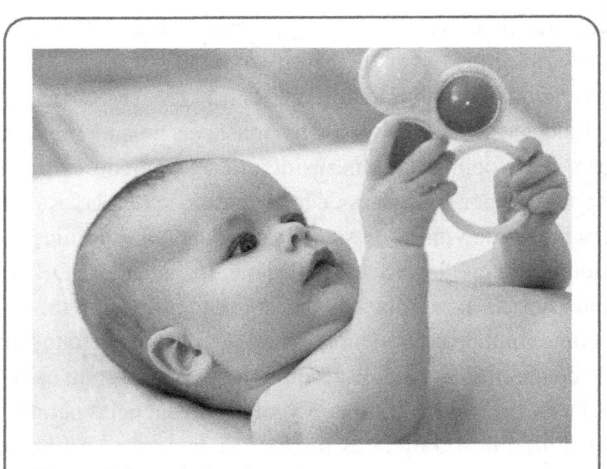

Figura 6. Controle da mão.
Fonte: Alex Zabusik/Shutterstock.com.

Aproximadamente aos 3 meses de idade, já conseguem agarrar objetos de tamanho médio, porém ainda sentem dificuldade em segurar objetos muito pequenos (Figura 5). Aos poucos, vão conseguindo adquirir outras habilidades, tais como transferir objetos de uma mão para a outra. Entre 7 e 11 meses, as mãos já conseguem a coordenação necessária para apanhar pequenos objetos. Em relação à locomoção, após os 3 meses de idade, o bebê rola de frente para trás e, posteriormente, faz o movimento contrário. Aos 6 meses, já é capaz de se sentar com apoio e, aproximadamente aos 8 meses, sem apoio. Com o passar do tempo, novas conquistas vão sendo acrescidas a novas descobertas, em uma interação com o ambiente em que vive (PAPALIA; FELDMAN, 2013).

Para acompanhar essa evolução, foi criado um teste de triagem denominado Denver Teste. Com ele, crianças de 1 mês até 6 anos de idade são acompanhadas para ver se estão se desenvolvendo dentro do padrão esperado (MARTORELL, 2014).

A partir desse acompanhamento, são testadas as habilidades motoras amplas no uso de grupos de músculos grandes, tais como rolar o corpo e pegar uma bola, e habilidades motoras finas, que se relacionam à coordenação precisa de músculos pequenos, tais como pegar um chocalho e copiar (FRANKENBURG et al., 1975 apud MARTORELL, 2014). Observe a Figura 7 a seguir.

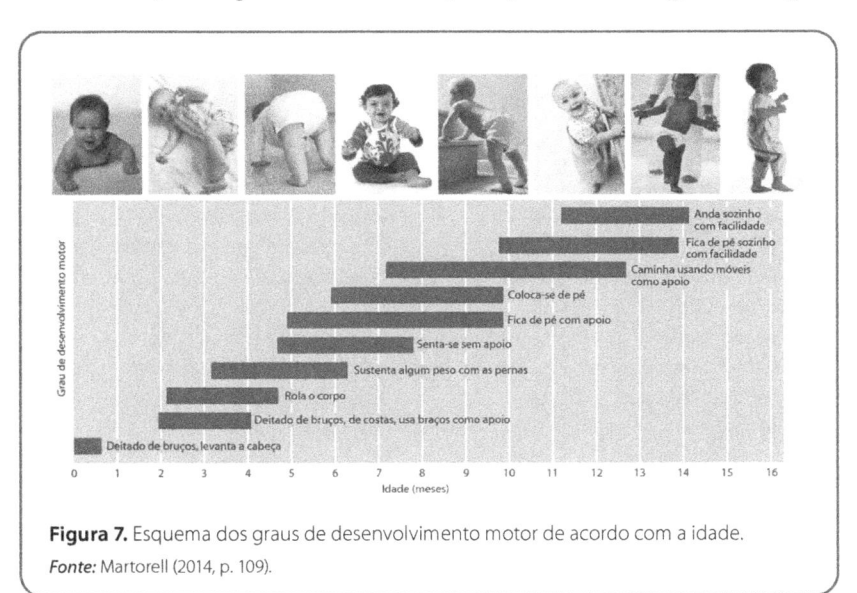

Figura 7. Esquema dos graus de desenvolvimento motor de acordo com a idade.
Fonte: Martorell (2014, p. 109).

A partir do segundo ano, a criança já consegue subir escadas, evoluindo de um pé após o outro para, posteriormente, conseguir alterná-los. Nessa fase, também é comum vê-las correndo e pulando (MARTORELL, 2014).

Todos esses movimentos se direcionam para um objetivo principal: andar. Cabe ao adulto acompanhar com atenção, cuidado e carinho etapa a etapa, estimulando, oferecendo apoio e ofertando ao bebê um ambiente propício para essas descobertas.

Exercícios

1. Na primeira infância, período de 0 a 2 anos, uma série de sistemas e órgãos se desenvolvem, provocando significativas mudanças e oportunizando a aquisição e o domínio de diversas habilidades. Qual desses órgãos tem sua estrutura modificada por meio das experiências, causando efeitos nos indivíduos ora de curta, ora de longa duração?
a) Olhos.
b) Coração.
c) Cérebro.
d) Medula espinal.
e) Pele.

2. O desenvolvimento psicossocial das crianças de 0 a 2 anos se apresenta de um modo relativamente semelhante, apresentando um padrão. Dos 9 aos 12 meses:
a) os bebês interagem, apresentando suas emoções de modo mais claro, demonstrando humores e gradações de sentimentos.
b) só reagem quando estimulados, por meio de reflexos, buscando a imitação de seu cuidador. Por exemplo, ao ver um adulto sorrir, instantaneamente sorriem de volta.
c) querem autonomia, afastando-se dos seus cuidadores para explorar o ambiente engatinhando, já que ainda não têm o equilíbrio necessário para andar.
d) já estão seguras, com domínio nos ambientes costumeiros e se sentem mais confiantes e mais ávidos por sua autoafirmação.
e) Costumam explorar o ambiente, valendo-se da companhia de pessoas com quem tenham mais segurança e apego.

3. Diversos pesquisadores se dedicaram a investigar o desenvolvimento cognitivo de crianças em diferentes fases. Desses estudos, surgiram diferentes abordagens. Qual delas diz respeito ao exame dos efeitos dos aspectos ambientais relacionados ao processo de aprendizagem, em especial, no que tange ao papel dos pais e outros cuidadores?
a) Neurociência cognitiva.
b) Psicométrica.
c) Piagetiana.
d) Behaviorista.
e) Sociocontextual.

4. Dentro da abordagem que corresponde à primeira infância proposta por Piaget, existem seis subestágios. Em qual deles os bebês costumam tornar-se mais interessados no ambiente, repetindo ações que produzem e prolongam experiências interessantes?
a) Coordenação de esquemas secundários.
b) Reações circulares secundárias.
c) Uso de reflexos.
d) Reações circulares terciárias.
e) Combinações mentais.

5. Quanto ao desenvolvimento motor da primeira infância, as crianças vão adquirindo gradativamente novas habilidades dentro de um padrão esperado de comandos mais simples para os mais complexos de acordo com sua maturação. Em qual tempo de vida, aproximadamente, elas já são capazes de agarrar objetos de tamanho médio, mas encontrando dificuldades em segurar pequenos objetos?

a) Uma semana de vida.
b) Um mês de vida.
c) Duas semanas de vida.
d) Três semanas de vida.
e) Três meses de vida.

Referências

BAUER, P. J. Long-term recall memory: behavioral and neuro-developmental changes in the first 2 years of life. *Current Directions in Psychological Science*, v. 11, n. 4, p. 137-141, Aug. 2002.

COLL, C.; MARCHESI, A.; PALACIOS, J. (Org.). *Desenvolvimento psicológico e educação*. 2. ed. Porto Alegre: Artmed, 2004. (Psicologia Evolutiva, v. 1).

MARTORELL, G. *O desenvolvimento da criança*: do nascimento à adolescência. Porto Alegre: AMGH, 2014. (Série A).

PAPALIA, D. E.; FELDMAN, R. D. *Desenvolvimento humano*. 12. ed. Porto Alegre: AMGH, 2013.

Desenvolvimento biopsicossocial e cognitivo na 2ª infância (3-6 anos)

Objetivos de aprendizagem

Ao final deste texto, você deve apresentar os seguintes aprendizados:

- Definir o desenvolvimento biopsicossocial de 3 a 6 anos, destacando suas características.
- Caracterizar o desenvolvimento cognitivo de 3 a 6 anos.
- Caracterizar o desenvolvimento motor de 3 a 6 anos.

Introdução

Neste capítulo, você irá estudar sobre os variados aspectos que envolvem o desenvolvimento de crianças na faixa etária de 3 a 6 anos de idade. Assim, você aprenderá sobre o desenvolvimento biopsicossocial, as características desse período e também as principais características dos desenvolvimentos cognitivos e motores.

O desenvolvimento biopsicossocial na faixa etária de 3 a 6 anos de idade

Nos dois primeiros anos de vida, ocorrem significativas mudanças nos mais variados aspectos biológicos, psicológicos, sociais, motores e cognitivos das crianças. Entre os três e seis anos, temos o período marcado por novas habilidades que vão sendo adquirida enquanto outras são aprimoradas. Nessa nova etapa, conseguimos observar notoriamente as mudanças físicas e biológicas que se apresentam sob os seguintes aspectos, segundo Papalia e Feldman (2013, p. 246):

> As crianças crescem rapidamente entre os 3 e 6 anos de idade, mas num ritmo diferente. Com aproximadamente 3 anos, as crianças normalmente começam a perder a forma roliça característica dos bebês e assumem a aparência mais esguia e atlética da infância. À medida que os músculos abdominais se desenvolvem, a barriga grande da criança entre 1 e 3 anos se fortalece. O tronco, os braços e as pernas ficam mais longos. A cabeça ainda é relativamente grande, mas as outras partes do corpo continuam a se amoldar à medida que as proporções corporais se tornam gradualmente mais similares às de um adulto.

Além das características de crescimento evidenciadas acima, outras transformações biológicas se dão por meio do desenvolvimento muscular e esquelético e fortalecendo essas estruturas. O cérebro se torna mais maduro, ampliando as capacidades do sistema nervoso, respiratório, imunológico, circulatório e das habilidades motoras. Dos 3 aos 6 anos de idade, as áreas de maior crescimento do cérebro são as frontais, responsáveis pelo planejamento e organização de ações (PAPALIA; FELDMAN, 2013).

Quanto ao desenvolvimento social, a criança deve encontrar tanto no ambiente familiar quanto nos espaços educacionais uma estrutura que atenda duas necessidades. A organização temporal e espacial na educação infantil deve ser pensada com base na indissociabilidade das ações cuidadoras e educativas. Segundo (FRISON, 2008, p. 169):

> Os espaços são concebidos como componentes ativos do processo educacional e neles são refletidas as concepções de educação assumidas pelo educador e pela escola. É importante que a sala de aula seja um lugar motivador, em que se acolham as diferentes formas de ser e agir, contempladas nos projetos de trabalho, nos quais as crianças vivenciam experiências e descobertas. [...] O espalho físico pode ser transformado em espaço educativo dependendo da atividade que nele acontece.

Assim, observamos pelo fragmento anterior que muito mais que recursos, é importante que esses espaços sejam preenchidos com experiências que promovam um convívio que respeite a diversidade e a individualidade, com o objetivo de construir o conhecimento.

Cada criança realiza uma atividade, tendo uma variedade de materiais que oportunizam o exercício da criatividade. É importante que os profissionais da educação compreendam que as crianças têm direitos e liberdade de escolha e que, acima de tudo, percebam que organizar um espaço não se resume a equipar um ambiente com variados brinquedos, mas também oferecer flexibilidade e respeito pelas escolhas feitas – dar a oportunidade de a criança ter o direito a fala, atenção e expressão de seus sentimentos (Figura 1) (MACHADO, 2004).

Figura 1. A escola como um espaço social.
Fonte: Poznyakov/Shutterstock.com.

Saiba mais

Assim como ocorreram importantes mudanças nos espaços educacionais infantis, a figura do professor também passou por transformações. Esse profissional não é mais, como no ensino tradicional, o detentor do saber, e sim o mediador que deve propiciar a construção do conhecimento, organizando o tempo e o ambiente. Como aponta Batista (1998, p. 170), é preciso:

"[...] compreender a criança como um ser social, cultural e histórico que possui raízes espaço-temporais desde que nasce, porque está situada no mundo e com o mundo. A partir da compreensão de que suas dimensões corporal, individual, cognitiva e afetiva constituem processos que se dão como um todo, em uma relação de reciprocidade e de complementaridade, é que se faz necessário que o tempo e o espaço estejam organizados, respeitando a lógica do tempo e do espaço da vida humana nestas diversas dimensões."

O desenvolvimento cognitivo de crianças de 3 a 6 anos

O desenvolvimento cognitivo das crianças na segunda infância foi objeto de estudo de muitos pesquisadores e psicólogos. Uma importante contribuição acerca dessa fase se deu por meio das investigações de Jean Piaget, que dividiu o desenvolvimento infantil em etapas. A que compreende essa fase é denominada de estágio pré-operatório, que compreende o desenvolvimento em que há uma expansão da capacidade do pensamento simbólico, mas as crianças ainda não estão suficientemente desenvolvidas para realizar operações usando a lógica (PAPALIA; FELDMAN, 2013).

Para identificar os avanços cognitivos referentes à faixa etária de 3 a 6 anos, observe os quadros a seguir, adaptados de Papalia e Feldman (2013, p. 259).

Quadro 1. Avanços cognitivos durante a segunda infância.

Avanço	Significância	Exemplo
Uso de símbolos	As crianças não precisam estar em contato sensório-motor com um objeto, pessoa ou evento para pensar neles. As crianças podem imaginar que objetos ou pessoas têm outras propriedades além das que elas realmente têm.	João pergunta à sua mãe sobre os elefantes que viu na ida ao circo vários meses atrás. Pedro faz de conta que uma fatia de maçã é um aspirador de pó "limpando" a mesa da cozinha.
Compreensão de identidades	As crianças têm consciência de que alterações superficiais não mudam a natureza das coisas.	Antônio sabe que seu professor está vestido como um pirata, mas ele ainda é o seu professor sob a vestimenta.
Entendimento de causa e efeito	As crianças percebem que os acontecimentos têm causas.	Ao ver uma bola rolar por trás de um muro, Felipe olha por cima do muro para ver a pessoa que a chutou.
Capacidade de classificar	As crianças organizam objetos, pessoas e eventos em categorias significativas.	Rosa classifica as pinhas que coletou em um passeio no parque em duas pilhas: "grandes" e "pequenas".
Compreensão de números	As crianças sabem contar e lidar com quantidades.	Martina reparte suas balas com suas amigas, contando para certificar-se de que cada uma receba a mesma quantidade.

(Continua)

(Continuação)

Quadro 1. Avanços cognitivos durante a segunda infância.

Avanço	Significância	Exemplo
Empatia	As crianças se tornam mais capazes de imaginar como os outros podem se sentir.	Emílio tenta consolar seu amigo quando vê que ele está chateado.
Teoria da mente	As crianças se tornam mais conscientes da atividade mental e do funcionamento da mente.	Bianca quer guardar alguns biscoitos para si mesma, de forma que os esconde de seu irmão em uma caixa de macarrão. Ela sabe que seus biscoitos estarão seguros lá, porque seu irmão não procurará em um lugar onde ele não espera encontrar biscoitos.

Fonte: Papalia e Feldman (2013, p. 259).

Quadro 2. Aspectos imaturos do pensamento pré-operatório (de acordo com Piaget).

Limitação	Descrição	Exemplo
Centração: incapacidade para descentrar	As crianças se concentram em um aspecto de uma situação e negligenciam outros.	Yuri provoca sua irmã mais nova, afirmando que tem mais suco do que ela porque sua caixa de suco foi despejada em um copo alto e estreito, mas a dela foi despejada em um copo baixo e largo.
Irreversibilidade	As crianças não entendem que algumas operações ou ações podem ser revertidas, restaurando a situação original.	Yuri não percebe que o líquido contido em cada copo pode ser despejado novamente nas respectivas caixas, contradizendo sua afirmação de que ele tem mais suco do que sua irmã.

(Continua)

(Continuação)

Quadro 2. Aspectos imaturos do pensamento pré-operatório (de acordo com Piaget).

Limitação	Descrição	Exemplo
Foco nos estados mais do que nas transformações	As crianças não entendem a importância da transformação entre estados.	Na tarefa de conservação, Yuri não entende que transformar a forma de um líquido (despejá-lo de um recipiente para outro) não altera quantidade.
Raciocínio transdutivo	As crianças não usam raciocínio dedutivo ou indutivo; em vez disso, elas pulam de um detalhe para outro e veem uma causa onde não existe nenhuma.	Luis foi mesquinho com sua irmã. Sua irmã fica doente. Luis conclui que ele a fez adoecer.
Egocentrismo	As crianças presumem que todas as pessoas pensam, percebem e sentem do mesmo jeito que elas.	Pietra não percebe que precisa virar um livro ao contrário para que seu pai possa ver a figura que ela quer que ele lhe explique. Dessa forma, segura o livro diretamente na frente dele, mas somente ela pode ver a figura.
Animismo	As crianças atribuem vida a objetos inanimados.	Amanda diz que a primavera está querendo chegar, mas o inverno está dizendo: "Eu não vou embora! Não vou embora!".
Incapacidade de distinguir a aparência da realidade	Elas confundem o que é real com a aparência externa.	Mariana está confusa porque uma esponja parece uma pedra. Ela afirma que parece uma pedra e é realmente uma pedra.

Fonte: Papalia e Feldman (2013, p. 206).

(Continuação)

Quadro 1. Avanços cognitivos durante a segunda infância.

Avanço	Significância	Exemplo
Empatia	As crianças se tornam mais capazes de imaginar como os outros podem se sentir.	Emílio tenta consolar seu amigo quando vê que ele está chateado.
Teoria da mente	As crianças se tornam mais conscientes da atividade mental e do funcionamento da mente.	Bianca quer guardar alguns biscoitos para si mesma, de forma que os esconde de seu irmão em uma caixa de macarrão. Ela sabe que seus biscoitos estarão seguros lá, porque seu irmão não procurará em um lugar onde ele não espera encontrar biscoitos.

Fonte: Papalia e Feldman (2013, p. 259).

Quadro 2. Aspectos imaturos do pensamento pré-operatório (de acordo com Piaget).

Limitação	Descrição	Exemplo
Centração: incapacidade para descentrar	As crianças se concentram em um aspecto de uma situação e negligenciam outros.	Yuri provoca sua irmã mais nova, afirmando que tem mais suco do que ela porque sua caixa de suco foi despejada em um copo alto e estreito, mas a dela foi despejada em um copo baixo e largo.
Irreversibilidade	As crianças não entendem que algumas operações ou ações podem ser revertidas, restaurando a situação original.	Yuri não percebe que o líquido contido em cada copo pode ser despejado novamente nas respectivas caixas, contradizendo sua afirmação de que ele tem mais suco do que sua irmã.

(Continua)

(Continuação)

Quadro 2. Aspectos imaturos do pensamento pré-operatório (de acordo com Piaget).

Limitação	Descrição	Exemplo
Foco nos estados mais do que nas transformações	As crianças não entendem a importância da transformação entre estados.	Na tarefa de conservação, Yuri não entende que transformar a forma de um líquido (despejá-lo de um recipiente para outro) não altera quantidade.
Raciocínio transdutivo	As crianças não usam raciocínio dedutivo ou indutivo; em vez disso, elas pulam de um detalhe para outro e veem uma causa onde não existe nenhuma.	Luis foi mesquinho com sua irmã. Sua irmã fica doente. Luis conclui que ele a fez adoecer.
Egocentrismo	As crianças presumem que todas as pessoas pensam, percebem e sentem do mesmo jeito que elas.	Pietra não percebe que precisa virar um livro ao contrário para que seu pai possa ver a figura que ela quer que ele lhe explique. Dessa forma, segura o livro diretamente na frente dele, mas somente ela pode ver a figura.
Animismo	As crianças atribuem vida a objetos inanimados.	Amanda diz que a primavera está querendo chegar, mas o inverno está dizendo: "Eu não vou embora! Não vou embora!".
Incapacidade de distinguir a aparência da realidade	Elas confundem o que é real com a aparência externa.	Mariana está confusa porque uma esponja parece uma pedra. Ela afirma que parece uma pedra e é realmente uma pedra.

Fonte: Papalia e Feldman (2013, p. 206).

Conforme se observa, o Quadro 1 explicita os avanços cognitivos, as descrições de como ocorrem, assim como traz exemplos para ilustrá-los. Já no Quadro 2, vemos as limitações, descrições e os exemplos dos aspectos imaturos do pensamento pré-operatório de acordo com Piaget, podendo compreender o desenvolvimento dos estudos sobre casualidade, identidade, categorização e números.

Sobre o desenvolvimento da memória na faixa etária de 3 a 6 anos, na segunda infância, as crianças apresentam avanços na atenção e no processamento de informação, iniciando a aquisição da habilidade de formar memórias de longo prazo.

Apesar de as crianças mais novas não se lembrarem tanto quanto as mais velhas, elas conseguem ter atenção em detalhes com exatidão sobre um evento, enquanto os adultos costumam se concentrar mais na essência dos acontecimentos. Pelo fato de nessa fase terem passado por menos experiência que os adultos, as crianças são capazes de notar aspectos relevantes, que ajudam a reativar essas lembranças posteriormente (PAPALIA; FELDMAN, 2013).

O desenvolvimento motor de crianças entre 3 e 6 anos

Devido ao desenvolvimento do córtex cerebral, responsável pelas áreas sensoriais e motoras, as crianças, nesse período de vida, passam a ter uma melhor coordenação entre o que planejam e o que são capazes de fazer. Há avanço nas habilidades motoras grossas, que envolvem músculos maiores no corpo, tornando-as capazes de correr, saltar, pular, escalar, já que os músculos e ossos estão mais fortalecidos, assim como o pulmão, ampliando as capacidades respiratórias (PAPALIA; FELDMAN, 2013).

Quanto às habilidades motoras finas, que requerem o movimento de pequenos músculos e que envolvem a coordenação de olhos e mãos e dos músculos pequenos, permitem que as crianças consigam, por exemplo, abotoar uma camisa e desenhar imagens. "As crianças em idade pré-escolar mesclam continuamente as habilidades que já possuem com as que estão adquirindo para produzir capacidades mais complexas. Essas combinações de habilidades são conhecidas como sistemas de ação [...]" (PAPALIA; FELDMAN, 2013, p. 251). Outro ponto a ser observado se trata dos avanços psicomotores concretos, como mostra o Quadro 3 (COLL; MARCHESI; PALACIOS, 2004).

Quadro 3. Aquisição de destrezas motoras no período de 2-6 anos

2-3 anos	
Correr, em contraposição ao andar rápido do segundo ano.	Jogar uma bola com a mão sem mover os pés do lugar.
Manter-se durantes alguns segundos sobre um pé só.	Utilizar colher para comer.
Fazer garatujas.	
3-4 anos	
Subir escadas sem apoio, colocando um só pé em cada degrau.	Escovar os dentes.
Andar alguns passos mancando.	Vestir uma camisa.
Pular entre 40 e 50 cm de distância.	Abotoar e desabotoar botões.
Andar de triciclo.	Desenhar linhas e fazer desenhos com contornos.
Usar tesouras para recortar papel.	Copiar um círculo.
4-5 anos	
Descer escadas com desenvoltura e sem apoio, colocando um pé em cada degrau.	Cortar uma linha com tesouras.
Correr mancando (cinco pulos, aproximadamente).	Dobrar papel, usar punção para furar, colorir formas simples.
Saltar entre 60 e 80 cm de distância.	Utilizar garfo para comer.
Maior controle para começar a correr, parar e girar.	Vestir-se sem ajuda.
Copiar um quadrado.	

(Continua)

(Continuação)

Quadro 3. Aquisição de destrezas motoras no período de 2-6 anos

5-6 anos	
Andar sobre uma barra de equilíbrio.	Aprender a andar de bicicleta e a patinar.
Bom controle da corrida: arrancar, parar e girar.	Marchar ao ritmo de sons.
Saltar uns 30 cm em altura e cerca de 1 m de distância.	Usar faca, martelo, chave de fenda.
Lançar e pegar bolas como crianças mais velhas.	Escrever alguns números e letras.
Copiar um triângulo e, posteriormente, um losango.	

Fonte: Coll, Marchesi e Palacios (2004, p. 133).

Pelas informações dispostas no Quadro 3, observamos que, a cada período, novas habilidades vão sendo adquiridas e aprimoradas, desde que a criança tenha estímulo, ambientes apropriados e incentivo em autonomia para executar ações que já é capaz de realizar sem o auxílio de um adulto.

Outro aspecto a ser abordado sobre o desenvolvimento motor diz respeito às relações simbólicas do esquema corporal. Esse conceito se refere à representação que temos de nosso corpo, como enxergamos nossas possibilidades de movimentos, ações e limitações. Trata-se de uma representação complexa que se constrói a partir de nossas experiências corporais. Segundo Coll, Marchesi e Palacios (2004, p. 135):

> Imagine-se nessas diversas situações: um amigo diz que você tem uma mancha bem debaixo do queixo; estando sentado, o lápis cai entre seus pés, e, sem mover a cadeira, procura alcançá-lo, guiando-se pelo som que o lápis produz ao cair ou pela visão que teve da posição do lápis antes de se abaixar; o despertador toca estridente de manhã cedo e você precisa desligá-lo urgentemente; você quer jogar um papel dentro de uma lixeira que está a certa distância e tem de decidir no ato se vai se aproximar da lixeira ou se vai atirá-lo do lugar em que está. Nessas situações, e em outras muito semelhantes que poderíamos utilizar como exemplos, são produzidos comportamentos rápidos e não meditados em resposta às demandas da situação: levar a mão exatamente debaixo do queixo, flexionar o tronco e dirigir a mão ao lugar em que o lápis está (enquanto se mantém o olhar fixo no interlocutor), levar diretamente o dedo indicador ao interruptor do despertador, aproximar-se um pouco da lixeira e jogar o papel

dentro dela. Como é evidente, estamos nos aproveitando continuamente de ter uma representação bem articulada de nosso corpo e de suas relações com o ambiente. Se não fosse assim, a realização de nossa atividade motora iria se ver continuamente entorpecida, e estaríamos sempre envolvidos em penosas tentativas e erros motores.

Assim, para desenvolver essa representação de esquema corporal evidenciado nos exemplos anteriores, temos de passar por um extenso processo de tentativas (COLL; MARCHESI; PALACIOS, 2004), ajustando nossas ações corporais por meio de estímulos ambientais e de acordo com nossos objetivos para cada uma dessas ações. Assim, ocorrem as aprendizagens e ajustes que vão sendo acrescentados às nossas experiências.

Referências

BATISTA, R. *A rotina no dia-a-dia da creche*: entre o proposto e o vivido. 1998. 183 f. Dissertação (Mestrado em Educação) – Curso de Mestrado em Educação, Universidade Federal de Florianópolis, Florianópolis, 1998. Disponível em: <https://repositorio.ufsc.br/xmlui/bitstream/handle/123456789/77723/139633.pdf?sequence=1&isAllowed=y>. Acesso em: 17 dez. 2017.

COLL, C.; MARCHESI, A.; PALACIOS, J. (Org.). *Desenvolvimento psicológico e educação*. 2. ed. Porto Alegre: Artmed, 2004. (Psicologia Evolutiva, v. 1).

FRISON, L. M. B. O espaço e o tempo na educação infantil. *Ciências & Letras*, Porto Alegre, n. 43, p. 169-180, jan./jun. 2008.

MACHADO, M. L. Por uma pedagogia da educação infantil. *Revista Pátio Educação Infantil*, Porto Alegre, ano 2, n. 5, ago./nov. 2004.

PAPALIA, D. E.; FELDMAN, R. D. *Desenvolvimento humano*. 12. ed. Porto Alegre: AMGH, 2013.

Desenvolvimento biopsicossocial e cognitivo na 3ª infância (7-11 anos)

Objetivos de aprendizagem

Ao final deste texto, você deve apresentar os seguintes aprendizados:

- Definir o desenvolvimento biopsicossocial de 7 a 11 anos, destacando suas características.
- Caracterizar o desenvolvimento cognitivo de 7-11 anos.
- Caracterizar o desenvolvimento motor de 7-11 anos.

Introdução

Desde sua concepção, o indivíduo começa a desenvolver aspectos como o desenvolvimento biológico, psicológico, motor e cognitivo. Se em seu período de formação intrauterina ele percebe o mundo partilhando sentimentos e emoções com sua mãe, a partir de seu nascimento, ele passa a interagir com o mundo que o cerca.

Neste capítulo, você vai reconhecer, no período de vida de 7 a 11 anos, as características e definições do desenvolvimento biopsicossocial, bem como conhecer as especificidades do desenvolvimento cognitivo e motor.

Características do desenvolvimento biopsicossocial e cognitivo: 7 a 11 anos

Se você algum dia caminhar por um espaço social coletivo educacional que reúna as crianças que fazem parte do ensino fundamental, verá o quanto existem diferenças físicas, biológicas e sociais. Umas são mais altas, outras mais magras, extrovertidas ou introspectivas; os exemplos são inúmeros e marcam um período significativo do desenvolvimento que compreende as idades de 7 a 11 anos. Para identificar as mudanças em relação ao desenvolvimento físico nesse período, observe a Tabela 1 (MCDOWELL apud PAPALIA; FELDMAN, 2013).

Tabela 1. Desenvolvimento físico de crianças entre 6 e 11 anos de idade (50º percentil*)

Idade	Altura (m)		Peso (kg)	
	Meninas	Meninas	Meninas	Meninos
6	1,18	1,20	22,1	23,6
7	1,26	1,25	25,6	25,5
8	1,30	1,30	28,1	29,0
9	1,38	1,37	34,0	32,2
10	1,43	1,41	40,5	37,3
11	1,51	1,49	47,3	44,2

*50% das crianças em cada categoria estão acima desse nível de altura ou peso e 50% estão abaixo dele.

Fonte: Papalia e Feldman (2013, p. 317).

Como você pôde observar na Tabela 1, ao final desse período as crianças alcançam aproximadamente o dobro do que pesavam. Quanto ao desenvolvimento cerebral, este se dá por meio da interação dos fatores genéticos e ambientais (PAPALIA; FELDMAN, 2013). Na infância, as áreas cerebrais vão se especializando em tarefas específicas, aumentando a velocidade e a eficiência e ampliando a capacidade de descarte de informações que não lhe tragam relevância (AMSO; CASEY, 2006 apud MARTORELL, 2014). Em relação às mudanças de espessura do córtex, Toga et al. (2006 apud PAPALIA; FELDMAN, 2013, p. 318) afirmam que:

> [...] os pesquisadores observaram espessamento cortical entre as idades de 5 e 11 anos em regiões dos lobos temporal e frontal. Ao mesmo tempo, um afinamento ocorre na porção traseira do córtex frontal e parietal no hemisfério esquerdo do cérebro. Esta mudança está correlacionada com desempenho melhorado na parte de vocabulário de um teste de inteligência.

Além das transformações citadas, uma parte dos gânglios basais é responsável por controlar o movimento e o tônus muscular, além da mediação de funções cognitivas superiores emocionais, atenção e estados emocionais (LENROOT; GIEDD, 2006 apud PAPALIA; FELDMAN, 2013).

Nesse sentido, é importante falar, também, sobre alguns problemas relacionados à saúde, a condições físicas e à segurança das crianças na faixa etária de 7 a 11 anos de idade A obesidade, por exemplo, representada na Figura 1, é uma preocupação em áreas da saúde por todo o mundo. Crianças acima do peso estão propensas a desenvolver enfermidades crônicas. Por outro lado, questões envolvendo a imagem corporal podem levar as crianças a tentar perder peso de modo inadequado e desenvolver transtornos da alimentação, principalmente quando se aproximam do período da adolescência (PAPALIA; FELDMAN, 2013).

Figura 1. Cuidados com a saúde.
Fonte: Inspiring/Shutterstock.com.

Como causas da obesidade podemos citar fatores hereditários, acrescidos a uma vida com poucos exercícios, alimentação excessiva e/ou inadequação de alimentos. As crianças que têm pais ou outros parentes têm uma tendência maior a estar acima do peso (AAP COMMITTEE ON NUTRITION, 2003; CHEN et al., 2004 apud PAPALIA; FELDMAN, 2013). A alimentação fora de casa também é grande causadora de problemas que acarretam em obesidade (COUNCIL ON SPORTS MEDICINE AND FITNESS & COUNCIL ON SCHOOL HEALTH, 2006 apud PAPALIA; FELDMAN, 2013) – estima-se que crianças que comem fora de casa têm o hábito consumir lanches com altos níveis de gordura, carboidrato, açúcar e aditivos (BOWMAN et al., 2004 apud PAPALIA; FELDMAN, 2013).

A obesidade infantil é preocupante, visto que os efeitos para a saúde das crianças se assemelham aos dos adultos. Há grandes consequências, como problemas comportamentais, físicos, depressivos e associados à baixa autoestima (AAP COMMITTEE ON NUTRITION, 2003; DATAR; STURM, 2004a; MUSTILLO et al., 2003 apud PAPALIA; FELDMAN, 2013).

Diante de tantos riscos para a saúde física e emocional, o recomendado é prevenir o ganho de peso, sendo esse o modo mais eficaz de se combater a obesidade (CENTER FOR WEIGHT AND HEALTH, 2001; COUNCIL ON SPORTS MEDICINE AND FITNESS AND COUNCIL ON SCHOOL HEALTH, 2006 apud PAPALIA; FELDMAN, 2013). É responsabilidade dos pais estar atento aos hábitos alimentares e às atividades que os filhos praticam, conscientizando-os da importância de uma alimentação equilibrada e relacionando essas questões à saúde, muito além de questões estéticas e padrões estabelecidos pela sociedade.

O desenvolvimento cognitivo de crianças de 7 a 11 anos

De acordo com a concepção de Jean Piaget, psicólogo que dedicou grande parte de sua vida a realizar estudos sobre o desenvolvimento infantil, por volta dos 7 anos de idade é chegado o terceiro estágio, denominado operatório-concreto, que diz respeito à capacidade de realizar operações mentais para a resolução de problemas reais. Nessa fase, as crianças adquirem o poder de pensar de modo lógico, levando em conta diversos aspectos de um fato. Observe o Quadro 2 a seguir (PAPALIA; FELDMAN, 2013, p. 320).

Quadro 1. Avanços em capacidades cognitivas selecionadas durante a terceira infância.

Capacidade	Exemplo
Pensamento espacial	Daniela pode usar um mapa ou um desenho para auxiliar na procura de um objeto escondido e fornecer as indicações aos outros para que o objeto seja encontrado. Ela é capaz de ir para a escola e voltar, consegue calcular distâncias e avaliar quanto tempo precisaria para ir de um lugar para outro.
Causa e efeito	Douglas sabe quais atributos físicos de objetos de cada lado de uma balança afetarão o resultado (por exemplo, o número de objetos importa, mas a cor deles não). Ele ainda não sabe que fatores espaciais fazem a diferença, tais como posição e localização dos objetos.
Categorização	Helena é capaz de classificar objetos em categorias, tais como forma, cor ou ambas. Ela sabe que uma subclasse (rosas) tem menos membros que a classe da qual ela faz parte (flores).
Seriação e inferência transitiva	Catarina consegue organizar um grupo de varetas, da mais curta para a mais comprida, e pode inserir uma vareta de tamanho médio no lugar certo. Ela sabe que se uma vareta é mais comprida que uma segunda vareta e esta é mais comprida que a terceira, então a primeira vareta é mais comprida que a terceira.
Raciocínios indutivo e dedutivo	Beatriz consegue resolver problemas indutivos e dedutivos e sabe que as conclusões indutivas (com base em determinadas premissas) são menos corretas que as conclusões dedutivas (baseadas em premissas gerais).
Conservação	Filipe, aos 7 anos, sabe que se uma bola de barro for enrolada em forma de salsicha, continua tendo a mesma quantidade de barro (conservação de substância). Aos 9, acha que a bola e a salsicha têm o mesmo peso. Só no início da adolescência ele entenderá que elas deslocam a mesma quantidade de líquido se colocadas em um recipiente com água.
Números e matemática	Carolina é capaz de fazer contas de cabeça, pode somar contando em ordem crescente e consegue criar problemas simples.

Fonte: adaptado de Papalia e Feldman (2013, p. 320).

Como você pode observar no Quadro 1, as crianças no estágio operatório-
-concreto se aprimoram nas habilidades relacionadas aos conceitos espaciais,
casualidade, categorização, raciocínio indutivo, conservação e números.

Outras teorias desenvolvidas por Piaget dizem respeito às influências
do desenvolvimento neurológico, da cultura e da escolarização. O psicólogo
considerava que o raciocínio flexível e lógico das crianças mais velhas estava
associado ao desenvolvimento neurológico e a experiências ambientais.

Piaget afirmava que a mudança do pensamento rígido e ilógico das crianças
menores para o pensamento flexível e lógico das crianças mais velhas depende, ao
mesmo tempo, do desenvolvimento neurológico e das experiências de adaptação
ao ambiente. As crianças tendem a pensar mais logicamente sobre as coisas
sobre as quais elas têm algum conhecimento (PAPALIA; FELDMAN, 2013).

Saiba mais

Raciocínio moral

Piaget (PIAGET, 1932; INHELDER, 1969 apud PAPALIA; FELDMAN, 2013) propôs que o raciocínio moral se desenvolve em três estágios e afirmava que as crianças passam gradualmente de um estágio para outro, em idades variáveis.

- O **primeiro estágio** (aproximadamente dos 2 aos 7 anos, correspondendo ao estágio *pré-operatório*) é baseado em obediência rígida à autoridade. Visto que as crianças pequenas são egocêntricas, elas não conseguem imaginar mais de uma forma de examinar uma questão moral. Elas acreditam que as regras não podem ser dobradas ou mudadas, que o comportamento é certo ou errado e que qualquer transgressão merece punição, independentemente da intenção.
- O **segundo estágio** (7 ou 8 anos a 10 ou 11 anos, correspondendo ao estágio *operatório-concreto*) é caracterizado por crescente flexibilidade. À medida que as crianças interagem com mais pessoas e entram em contato com uma variedade mais ampla de pontos de vista, elas começam a descartar a ideia de que há um único padrão de certo e errado e desenvolvem seu próprio senso de justiça baseado no tratamento justo ou igual para todos. Visto que elas conseguem considerar mais de um aspecto de uma situação, podem fazer julgamentos morais mais sutis.
- Em torno dos 11 ou 12 anos, quando as crianças se tornam capazes de um raciocínio formal, surge o **terceiro estágio**, do desenvolvimento moral. A crença de que todos devem ser tratados da mesma maneira dá lugar ao ideal de equidade, de levar em consideração as circunstâncias específicas. De acordo com Piaget, uma criança dessa idade poderia dizer que uma criança de 2 anos que derramou tinta na toalha de mesa deve ser responsabilizada em um padrão moral menos exigente do que uma criança de 10 anos que fez a mesma coisa. Com a idade, há um foco aumentado não apenas no que aconteceu, mas nas intenções do autor.

Fonte: adaptado de Fapalia e Feldman (2013, p. 328).

O desenvolvimento motor nas crianças de 7 a 11 anos

Os processos que envolvem o crescimento e desenvolvimento humano impactam diretamente nas relações intra e interpessoais, nas quais as crianças convivem com seus pares, lidam com diferentes biótipos e realizam comparações intrínsecas a essas mudanças internas e externas que vão acontecendo com elas. Assim, as aquisições motoras não devem ser concebidas somente como um fenômeno biológico, já que envolvem outros elementos culturais e sociais inerentes ao ambiente (RÉ, 2011).

Na faixa etária de 7 a 11 anos, as habilidades motoras seguem um desenvolvimento gradual. Como podemos observar na Figura 2, as capacidades físicas nesse período ocorrem por meio de evoluções na coordenação e no controle motor, levando ao favorecimento da aprendizagem de habilidades mais complexas (GALLAHUE; OZMUN, 2006). Evidenciam-se aumentos na força, velocidade e resistência, sendo mais avançados nos casos em que as crianças receberam o estímulo adequado (ARMSTRONG; WELSMAN, 2000).

Figura 2. Atividades físicas e desenvolvimento motor infantil.
Fonte: Hibrida/Shutterstock.com.

Observe no Quadro 2, a seguir, alguns dos principais comportamentos identificados entre as idades de 7 a 11 anos.

Quadro 2. Desenvolvimento motor na terceira infância.

Idade	Comportamentos selecionados
6	As meninas são superiores na precisão de movimentos; os meninos são superiores em ações vigorosas e menos complexas. Conseguem pular. Conseguem arremessar com mudança adequada de peso e passo.
7	Conseguem equilibrar-se em um pé sem olhar. Conseguem equilibrar-se andando em uma barra de 5 centímetros de largura. Conseguem pular sobre um só pé e saltar com precisão dentro de pequenos quadrados. Conseguem executar com facilidade qualquer exercício de saltos.
8	As crianças têm uma força de preensão de aproximadamente 5 quilos. O número de jogos em que as crianças de ambos os sexos podem participar nesta idade é maior. As crianças podem executar saltos rítmicos alternados em um padrão de 2-2, 2-3, ou 3-3. As meninas conseguem arremessar uma bola pequena a aproximadamente 12 metros de distância.
9	Os meninos podem correr a uma velocidade de 4,9 metros por segundo. Os meninos conseguem arremessar uma bola pequena a 21,3 metros de distância aproximadamente.
10	As crianças conseguem calcular e interceptar o trajeto de pequenas bolas arremessadas de longe. As meninas conseguem correr 5,2 metros por segundo.
11	Os meninos conseguem saltar a uma distância de 1,5 metro, e as meninas, 1,2 metro.

Fonte: Papalia e Feldman (2013, p. 314).

Como observa-se no Quadro 2, há algumas diferenças também no desenvolvimento das meninas e meninos, mas, assim como em fases anteriores, essa variação de desempenho depende do quanto houve prática motora, atividades que por questões culturais acabam fazendo com que meninos tenham mais acesso às atividades que as meninas, o que pode acarretar em prejuízos no aprimoramento das habilidades (RÉ, 2011). É importante ressaltar que esses dados são variáveis, visto que respeitam o ritmo de desenvolvimento de cada criança. Além de questões culturais, a aquisição motora também se relaciona com fatores neurofisiológicos e psicológicos, com experiências, estilos do ensino, de modo que deve ser pensada em um contexto com esses variados fatores (HENSCH, 2004; NELSON; BLOOM, 1997 apud RÉ, 2011).

Diversos pesquisadores apontam a ocorrência de períodos críticos relacionados entre a coordenação motora na infância e nas próximas fases de desenvolvimento, assim como apresentam índices maiores de práticas de exercícios físicos em indivíduos que tiveram essa prática ativa na infância (AHNERT; SCHNEIDER, 2007; BARNETT et al., 2009; BRUTSAERT; PARRA, 2006; BUSSERI et al., 2006; RAUDSEPP; PALL, 2006; STODDEN et al., 2008 apud RÉ, 2011). Podemos concluir, portanto, que é recomendável que haja, em todas as fases do desenvolvimento, estímulos para a prática de atividades que oportunizem a aquisição e o aprimoramento das habilidades motoras para que as crianças tenham domínio e autonomia dessas capacidades.

Referências

ARMSTRONG, N.; WELSMAN, J. R. Development of aerobic fitness during childhood and adolescence. *Pediatric Exercise Science*, v. 12, p. 128-149, 2000.

GALLAHUE, D. L.; OZMUN, J. C. *Understanding motor development*: infants, children, adolescents and adults. 6th ed. Boston: McGraw-Hill, 2006.

MARTORELL, G. *O desenvolvimento da criança*: do nascimento à adolescência. Porto Alegre: AMGH, 2014. (Série A).

PAPALIA, D. E.; FELDMAN, R. D. *Desenvolvimento humano*. 12. ed. Porto Alegre: AMGH, 2013.

RÉ, A. H. N. Crescimento, maturação e desenvolvimento na infância e adolescência: implicações para o esporte. *Motricidade*, v. 7, n. 3, p. 55-67, 2011. Disponível em: <http://www.revistamotricidade.com/arquivo/2011_vol7_n3/v7n3a08.pdf>. Acesso em: 29 dez 2017.

Histórico do atendimento clínico com crianças

Objetivos de aprendizagem

Ao final deste texto, você deve apresentar os seguintes aprendizados:

- Reconhecer o histórico do atendimento clínico com crianças.
- Identificar os aspectos mais relevantes do atendimento clínico com crianças.
- Analisar os desafios do atendimento clínico com crianças.

Introdução

O conteúdo apresentado neste texto vai ao encontro de saberes que, certamente, nos levarão a diferentes aprendizados e múltiplos olhares sobre o histórico do atendimento clínico com crianças. Perpassaremos alguns aspectos já estabelecidos com o objetivo de problematizar para, então, construir novas e inovadoras fontes de saber.

Neste capítulo, você vai analisar e refletir sobre as características e os aspectos mais relevantes do atendimento clínico com crianças e, também, os desafios encontrados frente ao atendimento clínico dessas crianças. O tema aqui abordado se justifica pela necessidade de aprofundamento em estudos que tracem os processos históricos do atendimento clínico infantil, de modo a apresentar as características mais marcantes desses processos: as demandas, as limitações, os fatores influentes, as lacunas e os avanços.

Aspectos históricos do atendimento clínico com crianças

De acordo com Araújo et al. (2014), se formos reconstituir a história da criança, veremos que a própria ideia de infância foi compreendida diferentemente em cada momento histórico, revelando o quanto tais concepções são marcadas historicamente, além de variáveis no tempo e distribuídas nos diversos espaços. A criança, em todo o seu percurso, foi concebida e tratada de diferentes maneiras em diferentes momentos e lugares da história da humanidade. Podemos dizer que houve tantas infâncias quanto houve ideias, práticas, propostas, discursos e estudos que se criaram e se organizaram acerca da criança, inclusive no que se refere aos processos de atendimento clínico e cuidados com a sua saúde . Mas por que se interessar pela criança, que, até então, era considerada um miniadulto e um ser sem "muita utilidade"? A ideia é que a criança, como objeto de estudo, tem sido sempre manipulada pelo adulto que a estuda, organiza e toma decisões por ela.

O histórico da infância e dos processos do ser criança transporta consigo a ideia daquele que não tem opinião, daquele que não tem condições de se perceber, daquele que não deve falar e que deve sempre ouvir e ser apontado por algum adulto. Ser criança significa ocupar o lugar de terceira pessoa nos discursos criados e impostos a ela. Nesse cenário, marcado por mudanças, violências, pesquisas e descobertas, a criança tem sido alvo de normas traçadas pela família, pelos médicos e pelos teóricos da educação, que prescrevem como atendê-la, tratá-la e educá-la, com a intenção, muitas vezes, de alcançar obediência e subordinação.

As crianças, durante muito tempo, foram tratadas da mesma forma que adultos (miniadultos), sem nenhum olhar ou consideração pelos aspectos relacionados ao crescimento, desenvolvimento e atendimento infantil. Nesse contexto, ficaram invisíveis, sem ação, sem voz, sem serem percebidas, como objetos. A partir dessa perspectiva, a criança não era percebida pela família e nem pelo poder público como um ser em formação, que necessitava de atendimentos e olhares específicos para as singularidades expostas em sua fase – a infância. Contudo, no decorrer dos séculos, a criança e os aspectos da infância passaram a ser enxergados clinicamente e socialmente, com particularidades significativas e necessitando de estudos e pesquisas que percebessem e respeitassem suas dimensões e suas características. Assim, aos poucos, foram se preocupando com a saúde e com a qualidade de vida da criança, bem como com seus aspectos psicológicos, comportamentais e sociais, o que deu lugar aos atendimentos clínicos infantis.

Conforme aponta Rezende (1998), de modo a traçar e apresentar alguns momentos importantes historicamente no que tange ao surgimento do atendimento clínico infantil, cita-se o como o ápice da clínica médica o período que compreende entre o final do século XVIII e o início do século XIX.

O século XIX foi, certamente, um dos séculos mais significativos para os desdobramentos quanto à saúde e ao atendimento clínico com crianças. Houve inúmeras descobertas no ramo das ciências e, além disso, invenções que possibilitaram a instrumentalização médica.

Nessa perspectiva, é importante e urgente fazer um adendo para pensarmos que é fundamental reconhecer e valorizar o desenvolvimento da criança, respeitando suas necessidades, caracterizadas por suas elaborações intelectual, física e emocional, para não incorrermos em enganos de propostas incoerentes e desrespeitosas com a infância e a criança. Desse modo, considerando o atendimento clínico infantil, vale enfatizar a brincadeira como sendo uma possibilidade de integralidade do desenvolvimento das diferentes formas de ser e estar no mundo, visto que ela se configura como princípio de conhecimento sobre o mundo, sobre si mesmo, sobre as coisas e os seres.

Portanto, os profissionais de clínicas e escolas infantis devem perceber que as crianças se constituem em espaços de imitação do mundo, de desenvolvimento de diferentes experiências entre pessoas, a partir de diferentes linguagens, indo muito além da mera linguagem escrita e da repetição adulta.

Retornando ao percurso histórico do atendimento clínico infantil, Rezende (1998) faz o seguinte apontamento:

> O filósofo francês Michel Foucault, em seu livro *Nascimento da Clínica*, considera o fim do século XVIII e o início do XIX como a época em que despontou a clínica médica. Creio que seria mais apropriado falar em crescimento, em lugar de nascimento, pois o método clínico já existia desde Hipócrates. O século XIX foi, sem dúvida, o século em que a clínica médica teve o seu período áureo, enriquecendo a Medicina com numerosas descobertas, fruto de observações cuidadosas e da instrumentalização do médico.

Assim, chega-se à ideia de que, na história da clínica no século XX, a medicina se alia aos conhecimentos acumulados, às novas tecnologias, o que, por sua vez, revoluciona a prática médica e, consequentemente, reflete no atendimento clínico com crianças.

No atual cenário do atendimento clínico psicológico, com as ações que emergem e se solidificam nessa área, principalmente no atendimento infantil, percebemos uma flexibilização e uma politização cada vez mais crescentes, que se associam ao desenvolvimento do trabalho clínico. Essa conduta surge como fundamental diante da realidade da multiplicidade de fatores que entrelaçam o exercício profissional na diversidade de campos em que o psicólogo se insere, inclusive no atendimento com crianças. Entretanto, vale ressaltar que, quanto mais visibilidade esse profissional está construindo nos processos históricos sociais, mais necessária se torna a realização de análises críticas e pesquisas acerca do impacto de suas intervenções, dada a força do atendimento clínico-psicológico a crianças.

A seguir, Araújo et al. (2014) e Silva et al. (2009), apresentam resumidamente alguns importantes aspectos sobre a saúde da criança e o atendimento clínico infantil no decorrer da história:

- No século XI, a criança era mundialmente percebida apenas como um adulto em miniatura, sem características ou particularidades individuais, principalmente pelo fato de não possuir a linguagem bem desenvolvida.
- A imagem da criança, por volta do século XV, começou a ser retratada por pintores da época, não por fazer parte de um grupo que necessitasse de atenção específica da sociedade, mas por sua beleza e graciosidade. No Brasil, o período colonial, por exemplo, foi marcado por muitas barbáries que contribuíram efetivamente para os altos índices de Mortalidade Infantil (MI), os quais se mantinham próximos a 70%.
- A história da criança abandonada brasileira se dividiu em três fases, a saber, caritativa, até meados do século XIX; filantrópica, até a década de 1960; e Estado do Bem-Estar Social, nas últimas décadas do século XX, fase em que a criança se torna sujeito de direito.
- Na década de 1920, as autoridades públicas e privadas demonstraram preocupação com o adoecimento infantil, deixando de ser apenas preocupação de entidades caritativas.
- Em 1960, a terapia comportamental infantil se firmou como modelo psicoterápico, passando a analisar de forma funcional o comportamento da criança em relação ao ambiente no qual ela está inserida. Nesse momento, a criança passa a participar do processo psicoterápico de forma ativa.
- Com vistas a mudar a assistência à saúde da criança no país e em busca do cuidado integral, por volta dos anos de 1980, identificou-se como necessidade o acompanhamento do processo de crescimento e desenvolvimento de todas as crianças.
- Em 13 de julho de 1990, foi aprovada a Lei nº 8.069, que dispõe sobre o Estatuto da Criança e do Adolescente (ECA), a partir do qual os mesmos passaram a adquirir de amplos direitos de proteção de integridade física e psicológica, lazer e bem-estar, devendo ser amparados pela família, comunidade e pelo Estado.

Aspectos relevantes do atendimento clínico com crianças

Nesta seção, discutiremos a importância do lúdico e da brincadeira nos processos de desenvolvimento e aprendizagem infantil, visto que o lúdico é parte fundamental do universo da criança e, portanto, é necessário compreender a importância dos jogos e das brincadeiras como instrumentos eficazes na construção do conhecimento, no reestabelecimento da saúde, na qualidade de vida e na estruturação infantil.

Serão apresentados, ainda, os conceitos de motivação e afetividade, na perspectiva de percebê-los como aspectos que atravessam a realidade da criança e que necessitam fazer parte dos espaços onde a criança está: escolas, clínica, hospitais, etc.

Além disso, será apresentado e discutido o papel da família na vida da criança, cujas ações devem pautar-se na cooperação e assistência frente aos processos infantis, seja em algum tratamento clínico, hospitalar, nas questões de segurança, qualidade de vida, interação social e educação.

A brincadeira

Segundo Mitre (2000), em qualquer atendimento que se realiza com uma criança, inclusive no atendimento clínico, não devemos perder de vista que ela se encontra em uma fase de fantasias, imaginações e brincadeiras – a infância. Nesse contexto, a criança, na tentativa de elaborar a realidade, constrói suas percepções por meio da brincadeira, na qual se expõe a diversas formas de instruções e tem a possibilidade de aprender a segui-las, como também de formular novas instruções. É por meio do brincar que, muitas vezes, o atendimento clínico da criança acontece e proporciona resultados significativos. A criança que apresenta um mínimo de repertório que lhe permita brincar pode desenvolver e variar seu desempenho motor, cognitivo, afetivo, social, verbal e, ainda, superar medos, angústias e desenvolver resistências.

Para o atendimento clínico, é necessário valorizar e considerar que, na brincadeira, a criança entra em contato com contingências sociais criadas pelo grupo e por ela própria e tem a oportunidade de aprender padrões de comportamentos culturais. Portanto, não é viável dissociar a criança da brincadeira só porque ela está em processo de atendimento; na verdade, é preciso agregar ao atendimento os aspectos lúdicos do brincar infantil.

Vale ressaltar, também, que as relações que compreendem o atendimento clínico ou até mesmo a aprendizagem da criança podem ser criadas, alteradas e agregadas ao brincar. Desse modo, a brincadeira se torna também um meio de se obter dados sobre o comportamento da criança, suas reações, sua motivação, seu quadro clínico, sua hesitação, além de estabelecer condições para a análise funcional, pois permite relacionar os fatos acontecidos com o atendimento proporcionado. Assim, pode-se verificar que a brincadeira se materializa como um instrumento do terapeuta, do médico ou do profissional clínico no processo de avaliação e intervenção e pode ser utilizada na observação, aquisição e alteração de comportamentos.

A motivação

Silva et al. (2009) aponta que a motivação é um processo que desencadeia e dirige o comportamento do sujeito, o que pode acontecer no atendimento clínico. Se alguém não estiver motivado, isto é, interessado, pode se negar ao atendimento ou não dar a resposta esperada. No entanto, a motivação nem sempre está presente no sujeito; muitas vezes, ela é motivada pelo outro (pais, professores, amigos, demais profissionais) ou por algo (assunto, desejo, recompensa).

A criança motivada orienta o seu comportamento para os objetivos que possam satisfazer suas necessidades, mas, para que possa atingir seu objetivo, é necessário que ele tenha condição (física, cognitiva, social), ou seja, prontidão.

Os familiares ou responsáveis

Silva et al. (2009) reafirma que a presença e o acompanhamento da família na vida de qualquer criança, inclusive para dar prosseguimento aos atendimentos clínicos, é muito importante para o seu desenvolvimento pleno e integral. O papel da família é, além de assistir e cooperar com o devido tratamento, oferecer um lugar onde possam desenvolver-se com segurança, saúde, qualidade de vida e onde consigam aprender a se relacionar em sociedade.

O esforço familiar direcionado ao cuidado clínico e global da criança torna-se um importante diferencial para o sucesso dos atendimentos infantis. Para que isso aconteça, exige-se de cada membro familiar uma redefinição de papéis, cobrando-se deles mudanças de atitudes e novos estilos de vida. Vale considerar que, para a criança mais nova, esse período inicial da vida é um dos mais importantes para o seu futuro e, portanto, deve ser acompanhado de perto.

Seja em qualquer área, uma das questões fundamentais para o processo de atendimento clínico da criança certamente é a influência da família, visto que o lar e a vida familiar proporcionam, na maioria das vezes, por meio de seu ambiente físico e social, as condições necessárias ao desenvolvimento, à reabilitação e à reorganização da criança, dependendo do seu caso específico.

Quando o assunto envolve saúde e atendimento clínico, observa-se que as famílias são, muitas vezes, imprescindíveis no processo de preocupação e cuidado com os filhos, a saber que, nesse cenário, surge a condição de protetora e, ainda, o medo da perda.

Portanto, é preciso considerar que é fator fundamental as parcerias família/profissional de saúde, família/atendimento clínico e família/criança, pois são agentes que atingem e influenciam diretamente os atendimentos clínicos das crianças, podendo favorecer mudanças significativas nas mesmas.

A importância da afetividade para a vida da criança

De acordo com Martins (2009), a afetividade engloba muitos aspectos que pertencem às situações prazer-desprazer. Ao procurar compreender a vida afetiva de uma criança, é necessário adotar as terminologias adequadas, já que se trata de uma área de estudo repleta de nuances. Portanto, se até o século XIX se usavam, indiscriminadamente, termos como emoção e sentimento, hoje, no estudo da vida afetiva, já fazemos a diferenciação entre esses termos:

- **Emoção:** estado agudo e transitório. Exemplo: a empolgação.
- **Sentimento:** estado mais atenuado e duradouro. Exemplo: o saudosismo, a fidelidade.

Para pensar a vida afetiva vamos voltar-nos à fase infantil, visto que a criança, de acordo com a teoria walloniana, é essencialmente emocional e, gradualmente, vai constituindo-se em um ser sociocognitivo; portanto, ao propor uma reflexão sobre o atendimento clínico infantil, é prudente considerar a emoção e a afetividade. Dessa forma, é importante que os profissionais de saúde reconheçam que a criança necessita estar contextualizada em uma realidade viva, em movimento, em transitoriedade e que tudo isso influencia o conjunto de seus comportamentos, conhecimentos, reações, percepções e suas condições frente à sua existência (dores, causas, perturbações, agressividade, etc.).

A vida afetiva da criança emerge, portanto, das trocas relacionais que ela constrói com os outros e isso é fundamental para o seu desenvolvimento e para sua constituição, bem como para ser agregado ao seu tratamento/atendimento em qualquer que seja a especificidade.

Vale ressaltar que as crianças nascem imersas em um mundo cultural e simbólico, no qual ficarão envolvidas em um "sincretismo subjetivo" por pelo menos três anos. Durante esse período de completa indiferenciação entre a criança e o ambiente humano, sua compreensão das coisas dependerá dos outros, que darão às suas ações e movimentos formato e expressão. Dessa forma, esses e muitos outros conhecimentos deveriam ocupar os espaços dos profissionais clínicos para a compreensão de tal processo e, assim, atuar no atendimento adequado da criança.

Outro aspecto importante a ser ressaltado é que, antes mesmo do aparecimento da linguagem falada, as crianças se comunicam e se constituem como sujeitos com significado, por meio da ação e interpretação do meio entre os seres humanos, construindo suas próprias emoções, suas percepções e seus entendimentos, que é seu primeiro sistema de comunicação expressiva. Esses processos comunicativo-expressivos acontecem em trocas sociais como a imitação: imitando, a criança desdobra, lentamente, a nova capacidade que está construindo (pela participação do outro ela se diferenciará dos outros), formando sua subjetividade e dando início à constituição de si e de sua vida afetiva. Pela imitação, a criança expressa seus desejos de participar e se diferenciar dos outros, construindo-se em sujeito próprio. Esses aspectos, certamente, refletirão no atendimento clínico.

A afetividade e a maneira como a criança se vê no atendimento clínico podem ser fatores aliados ao desenvolvimento; no entanto, o profissional precisa superar a dicotomia entre orgânico e social e entre indivíduo e meio.

As questões da afetividade se referem à capacidade, à disposição do sujeito de ser afetado pelo mundo externo/interno, por sensações relacionadas a situações agradáveis ou desagradáveis. A teoria da afetividade aponta três momentos marcantes e sucessivos na evolução do afeto: emoção, sentimento e paixão. Os três resultam de fatores orgânicos e sociais e correspondem a configurações diferentes. Na emoção, há o predomínio da atividade fisiológica; no sentimento, da ativação representacional; na paixão, da ativação do autocontrole. Todos esses três fatores apontados pela afetividade são importantes marcadores em qualquer que seja o atendimento clínico realizado com a criança.

Os desafios do atendimento clínico com crianças

De acordo com Moreira (2010), o termo desafio, apresentado no título, nos impulsiona a pensar na ideia de resistência e de enfrentamento, com base no esforço e na coragem de algo que desejamos ultrapassar para além do que conhecemos ou vivenciamos. Não seria, então, a psicanálise em si mesma um desafio no qual Freud se jogou e nos lançou anos atrás?

O desafio é uma palavra que parece pequena e vaga diante dos estudos, das pesquisas, dos diversos tipos de atendimentos clínicos, enfim, das inúmeras tentativas de acolher e atender uma criança – parece pequeno diante da grandeza que se pode conseguir – a transformação do ser.

A partir das experiências de atendimentos clínicos, é possível a construção de novos conhecimentos e diferentes descobertas que faz com que surjam, assim, novos desafios:

Rabello (2104), diz que um dos desafios da **psicanálise** está frente ao mundo que parece se apresentar de forma tão elástica e com tantas rupturas de elos que se aproxima de um mundo de dispersão, de excesso de informações que carecem de vivências, com multiplicidades identificatórias que tornam difícil ter um ideal a seguir. Essa multiplicidade de vínculos por vezes dispersos torna difícil a sustentação de focos de atenção, um grande problema apresentado pelas crianças de nossa época e um grande desafio lançado ao atendimento clínico psicanalítico.

Para Mença e Sousa (2011), o grande desafio para os **médicos clínicos infantis** está na certeza/incerteza dos receituários de medicamentos para crianças, visto que os remédios rapidamente aliviam as dores físicas do ser humano, inclusive das crianças. Diagnósticos e remédios são importantes sim, orientam caminhos e aliviam dores, mas também é importante que não encarcerem os sujeitos atrás de rótulos, impedindo-os de se conhecerem para além dessas barreiras. Um exemplo disso são os enigmas que existem acerca do Transtorno de Déficit de Atenção e Hiperatividade (TDAH), no qual a criança, por vezes, é medicada, trazendo, assim, o desafio que nos leva a refletir: a criança não é o TDAH, ela tem o TDAH, portanto, como proceder?

O grande desafio para o **psicoterapeuta clínico infantil**, de acordo com Moreira, Romagnolii e Neves (2007), está no fato de que é fundamental a participação dos pais ou responsáveis para o bom andamento do trabalho psicoterapêutico. Um dos objetivos da clínica com criança é fornecer condições aos pais ou responsáveis de interagir e participar ativamente da vida da criança, com presença, apoio e compreensão. Essas relações familiares muitas vezes estão marcadas por: desobediências, birras, desentendimentos, discussões, punições, acarretando em sofrimentos e ressentimentos em ambos, pais e filhos. Em algumas ocasiões, observa-se nos pais discursos de puro sentimento de culpa, arrependimento e insegurança quanto à educação de seus filhos. Muitos pais solicitam auxílio, mas, no âmbito escolar, questões familiares tão complexas não alcançam o objetivo pretendido e necessário para a satisfação das necessidades da criança.

A **psicopedagogia clínica**, porém, apresenta como desafio o mistério do fracasso escolar. Quanta perplexidade causa nos professores o fato de alguns alunos conseguirem avançar na aprendizagem e outros não. Definindo-se a psicopedagogia como a área que estuda a aprendizagem, é necessário, em primeiro lugar, ter claro o sentido atribuído à aprendizagem, para assegurar consistência ao campo de estudos e especificidades da psicopedagogia.

Enfim, é importante considerar que os cuidados e a assistência à saúde da criança, bem como a evolução do processo de atendimento clínico infantil, ainda se encontram em construção, juntamente a assistência às questões de qualidade de vida e aprendizagem infantil, em um movimento de mudança paradigmática do modelo centrado na patologia e na criança para um modelo de construção de redes, em prol da inclusão da família, da integralidade do cuidado e do apoio clínico. Assim, ainda existem lacunas e limites na atenção e atendimento à criança, nas relações organizacionais e administrativas, no fortalecimento das políticas públicas em geral, nos estudos e pesquisas sobre atendimento clínico infantil e no processo continuado de educação em saúde. Os profissionais de saúde envolvidos no cuidado e atendimento infantil devem desenvolver suas atividades tendo por base implementar as políticas públicas vigentes que garantam a qualidade da atenção à população infantil, bem como devem empenhar-se na superação dos desafios que surgem nesse cenário.

Referências

ARAÚJO, J. P. et al. História da saúde da criança: conquistas, políticas e perspectivas. *Revista Brasileira de Enfermagem*, Brasília, v. 67, n. 6, p. 1000-1007, nov./dez. 2014. Disponível em: <http://www.scielo.br/pdf/reben/v67n6/0034-7167-reben-67-06-1000.pdf>. Acesso em: 26 nov. 2017.

MARTINS, G. T. *A importância da vida afetiva*. [S.l.]: Janela Econômica, 2009. Disponível em: <http://www.santacruz.br/v4/download/janela-economica/2009/6-a-importancia-da-vida-afetiva.pdf>. Acesso em: 26 nov. 2017.

MENÇA, V. B.; SOUSA, S. S. P. S. *A criança e o processo de hospitalização*: os desafios promovidos pela situação da doença. Curitiba: Centro Universitário UniDomBosco, 2011.

MITRE, R. M. A. *Brincando para viver:* um estudo sobre a relação entre a criança gravemente adoecida e hospitalizada e o brincar. 2000. 130 f. Dissertação (Mestrado em Ciências – Saúde da Criança) – Pós-Graduação em Saúde da Criança e da Mulher, Instituto Fernando Figueira, Fundação Oswaldo Cruz, Rio de Janeiro, 2000.

MOREIRA, E. L. M. *Novos desafios na área de saúde da criança.* [S.l.]: Scielo, 2010. Resenha. Disponível em: <http://www.scielo.br/scielo.php?script=sci_arttext_pr&pid=S1413-81232010011100001>. Acesso em: 26 nov. 2017.

MOREIRA, J. O.; ROMAGNOLII, R. C.; NEVES, E. O. O surgimento da clínica psicológica: da prática curativa aos dispositivos de promoção da saúde. *Psicologia: Ciência e Profissão*, Brasília, v. 27, n. 4, p. 608-621, dez. 2007. Disponível em: <http://pepsic.bvsalud.org/scielo.php?script=sci_arttext&pid=S1414-98932007001200004>. Acesso em: 27 nov. 2017.

RABELLO, A. M. M. Novos desafios na clínica psicanalítica com crianças. *Primórdios*, Rio de Janeiro, v. 3, n. 3, p. 67-76, 2014. Disponível em: <http://cprj.com.br/primordios/03/06_Novos_desafios_na_cl%C3%ADnica_psicanalitica_com_criancas.pdf>. Acesso em: 28 nov. 2017.

REZENDE, J. M. *Caminhos da Medicina*: trajetória histórica da clínica médica e suas perspectivas. Goiânia: [s.n.], 1998. Palestra na Jornada de Clínica Médica para estudantes de Medicina realizada em Goiânia em 19/08/1998.

SANTOS, G. S. *Apostila de pediatria.* [S.l.: s.n.], 2012. Disponível em: <http://www.ebah.com.br/content/ABAAAA_xQAA/apostila-pediatria?part=16>. Acesso em: 12 jan. 2018.

SILVA, A. M. de V. et al. *Pedagogia:* bases psicológicas da educação. Valinhos: [s.n.], 2009.

Leitura recomendada

CAMAROTTI, M. C. *O nascimento da psicanálise de criança:* uma história para contar. *Reverso*, Belo Horizonte, v. 32, n. 60, p. 49-54, set. 2010. Disponível em: <http://pepsic.bvsalud.org/scielo.php?script=sci_arttext&pid=S0102-73952010000300007>. Acesso em: 27 nov. 2017.

Principais teorias da clínica infantil

Objetivos de aprendizagem

Ao final deste texto, você deve apresentar os seguintes aprendizados:

- Identificar quais são as principais teorias da clínica infantil.
- Comparar as diferentes teorias da clínica infantil.
- Determinar os principais desafios acerca das teorias da clínica infantil na contemporaneidade.

Introdução

Muitas das informações e dos conhecimentos que temos sobre o mundo das crianças é resultado de expressivos esforços que se materializaram em discussões, propostas, teorias e avanços construídos com base na perspectiva dos adultos.

Neste capítulo, além de conhecer tais teorias, você terá a oportunidade de compará-las em suas diferenças, alcances e objetivos, para levantar problematizações e reflexões acerca das mesmas. Nesse cenário, podemos citar a psicoterapia infantil, que representa um investimento na promoção e na legitimação da escuta e do protagonismo da criança, inclusive por meio da ludoterapia enquanto ferramenta chefe na maioria das psicoterapias infantis, visto que tem na brincadeira o instrumento de tradução da expressão infantil. Este capítulo trará o levantamento dos aspectos convergentes e divergentes apresentados nas abordagens em psicoterapia infantil: psicanálise, análise do comportamento, fenomenologia existencial, entre outras. É importante que você lembre que cada uma dessas propostas apresenta uma visão de homem e de mundo diferentes, mas coincidem no fato de possibilitar que a criança alcance seu bem-estar.

Abordagens teóricas da clínica infantil

As teorias do desenvolvimento humano e da aprendizagem muito influenciaram as compreensões psicológicas para o atendimento clínico, inclusive de crianças. Para os pensadores da aprendizagem, o desenvolvimento humano é resultado da aprendizagem com base na experiência, na adaptação ao ambiente ou em influências; reafirma-se que a vida é um permanente processo de construção da aprendizagem. Nessa perspectiva, Faria (2007) diz que novas maneiras e novas vivências fazem emergir novos padrões de comportamento, daí a pertinência de tais abordagens influenciarem diretamente o atendimento clínico infantil. Portanto, vamos analisar algumas dessas teorias:

- **Behaviorismo:** defende que os sujeitos em todas as idades aprendem sobre o mundo da mesma maneira que os outros animais: reagem a aspectos do meio ambiente que acham agradáveis, dolorosos ou ameaçadores. Tal teoria se centra em dois tipos de aprendizagem: o condicionamento clássico descrito por Pavlov, e posteriormente aplicado em crianças por Watson, e, ainda, o condicionamento operante defendido por Skinner.
- **Aprendizagem Social:** desenvolvida pelo pensador Bandura a partir de uma extensão da teoria da aprendizagem. Essa abordagem destaca a aprendizagem observacional e a modelagem; desse modo, os sujeitos modificam o seu comportamento em função do modo como as outras pessoas do grupo se comportam. A aprendizagem social também é influenciada pelo autoconhecimento, de modo que, dessa maneira, os padrões que estabelecemos para nós mesmos e a confiança que temos na nossa capacidade para cumpri-los, refletem diretamente em nossa disposição para a aprendizagem junto às outras pessoas, sejam elas os nossos familiares, colegas, amigos, orientadores ou conselheiros.
- **Perspectiva cognitiva:** foca nas transformações qualitativas, nos processos de pensamento e no comportamento que influencia tais mudanças. Nessa abordagem, o desenvolvimento cognitivo resulta numa capacidade crescente de adquirir e usar as aprendizagens sobre o mundo. Também enfatiza as transformações qualitativas, considerando a pessoa como responsável e construtora ativa no seu próprio processo de desenvolvimento.
- **Método fenomenológico e a investigação sobre criança:** suspende toda e qualquer pressuposição teórica – seja da Psicologia ou da Biologia – acerca do comportamento infantil. Deixa que o sentido do fenômeno se dê no próprio campo de demonstração desse fenômeno.

Consiste em reduções fenomenológicas, exercício que requer um esforço incessante para alcançar o fenômeno, deixando para trás todas as pressuposições sobre o mesmo. Nessa perspectiva, foi mantida a ideia de que a consciência não pode ser tomada a partir de uma concepção de que se constitui como substância e de que se encontra espacial e temporalmente determinada.

- **Psicanálise:** sobre a psicanálise, Camarotti (2010) ressalta que, enquanto método de investigação, reafirma-se por sua proposta interpretativa em que o propósito é sempre buscar o significado que subjaz, oculto em relação ao que é manifestado pelas palavras e também por produções do inconsciente, como os sonhos, os atos falhos, os delírios e as associações livres. A parte prática da psicanálise se refere à forma de tratamento ou análise (entendida aqui como o processo de busca de autoconhecimento ou da cura, ressaltando que a cura também ocorre por meio do autoconhecimento). A psicanálise pode ser utilizada em psicoterapias, orientações, trabalho com grupos, aconselhamentos, bem como ser utilizada para análise e entendimento dos fenômenos socioculturais. Atualmente, a teoria psicanalítica de Freud é uma ferramenta utilizada por inúmeras pessoas nas mais diferentes áreas do conhecimento humano, tais como: psicologia, psiquiatria, arte, sociologia, antropologia, direito e outras mais.

> **Saiba mais**
>
> As abordagens referentes às teorias da aprendizagem, cognitiva e psicanalítica são consideradas como grandes e importantes teorias, visto que cada qual apresenta uma poderosa gama de estudos e pesquisas, além de uma estrutura sólida que nos possibilita perceber, interpretar e compreender as elaborações, transformações e o desenvolvimento dos sujeitos, inclusive das crianças, nos mais diferentes contextos e diante de uma diversidade de situações.

As teorias emergentes

De acordo com Faria (2007), existem ainda as teorias emergentes, que são teorias assim chamadas por acoplarem diversas outras teorias que podem se tornar as novas e inovadoras teorias do futuro. São exemplos dessas teorias as seguintes:

- **Teoria sociocultural** de Vygotsky: reforça uma nova apreciação do contexto social, tentando explicar o crescimento do conhecimento e das qualificações do sujeito em função da orientação, do suporte e da estrutura que a sociedade nos oferece.
- **Teoria dos sistemas epigenéticos:** reafirma a interação dinâmica e recíproca entre os genes e o ambiente, a partir da perspectiva etológica de bases biológicas e evolutivas do comportamento, particularmente nos períodos de desenvolvimento.
- **Teoria ecológica do desenvolvimento humano:** é a mais recente teoria e veio para ampliar a compreensão do desenvolvimento humano. Defende que o desenvolvimento humano é apoiado em quatro níveis dinâmicos e inter-relacionados: a Pessoa, o Processo, o Contexto e o Tempo. Essa abordagem defende que toda pessoa é significativamente influenciada pelas interações entre os ecossistemas, incluindo os contextos sociais, econômicos, culturais e históricos, além do sistema escolar, sistema de saúde, a comunidade e a comunicação social e, ainda, a família, os amigos e a estrutura religiosa.
- **Perspectiva humanista:** enfatiza a capacidade das pessoas, independentemente da idade ou das circunstâncias, de assumirem o controle das suas vidas e promoverem o seu próprio desenvolvimento por meio das capacidades exclusivamente humanas de escolha, criatividade e autorrealização.
- **Teoria da motivação:** transmite o desenvolvimento máximo dos potenciais de cada ser humano. Cada pessoa atinge a sua autorrealização na medida em que procura atualizar os seus potenciais.

É fundamental apresentar todas essas teorias de modo que possamos refletir sobre a necessidade de diálogo entre as mesmas e, ainda, para que tenhamos a possibilidade de visualizar as tantas oportunidades de apoio e intervenção ao sujeito, inclusive às crianças.

As teorias e os atendimentos da psicoterapia e da psicanálise

A psicologia oferece diferentes teorias do desenvolvimento infantil que, muitas vezes, servem de base para a compreensão do modo de ser da criança por meio dos critérios de normalidade e ajustamento, podendo-se, assim, prescrever os comportamentos inadequados, desajustados, enfim, fora dos padrões estabelecidos pelo numérico ou qualitativo (MARTINEZ, 2012).

O termo **psicoterapia** é utilizado de forma "genérica" e corresponde a qualquer tratamento realizado com métodos e propósitos psicológicos, independentemente da abordagem teórica utilizada. Em linhas gerais, todas as psicoterapias utilizam como ferramenta principal de trabalho a palavra. Também resumidamente, nas psicoterapias estará presente algo que chamamos de sugestão, que é aquilo que, no senso comum, chama-se de aconselhamento. Esse aconselhamento, vindo do terapeuta, tem um peso muito grande para o paciente, pois o profissional se vê investido por ele de um papel de poder.

Isso ocorre porque todos os seres humanos carregam em si um desejo infantil de serem protegidos, amados e guiados por uma figura de referência (que na infância são os pais). Então, na fantasia infantil do paciente, o terapeuta sabe tudo e será capaz de livrá-lo daquilo que ele sente.

De maneira geral, portanto, em uma psicoterapia, o terapeuta aconselha e orienta o paciente sobre como se portar diante da vida (MARTINEZ, 2012). A princípio, não há nada de mal nesse tipo de trabalho, inclusive porque há pacientes que não têm condições de desenvolver um trabalho mais profundo sobre si mesmos. O único problema é que, quando essa necessidade de amparo e proteção (sempre infantil) não é manejada adequadamente pelo terapeuta, ela pode endossar no paciente o seu anseio por permanecer em uma posição infantil, fazendo com que ele tenha dificuldade de pensar por si mesmo.

Da parte do terapeuta, isso pode estimular o seu próprio narcisismo, fazendo com que ele se sinta imprescindível na vida do seu paciente. Vale ressaltar que esse tipo de relação sugestiva está muito presente no contato entre médicos e seus pacientes e também em instituições.

A **psicanálise** é um método não sugestivo, embora tenha nascido da prática sugestiva. Suas teorias e seus propósitos são mais filosóficos do que psicológicos, já que visam, por meio do conhecimento dos processos inconscientes da mente, a uma responsabilização cada vez maior do paciente por seus próprios atos e escolhas. Ou seja, a psicanálise busca questionar o anseio do paciente por colocar o terapeuta no lugar do mestre ou do guru e também o desejo do paciente por se colocar no lugar da criança. Como dito anteriormente, Freud descobriu, tratando seus pacientes, que há em todos os seres humanos uma necessidade infantil de ser protegido e amado por uma figura de referência. Inclusive, toda a base da religião se ancora aí: na necessidade humana de ser protegido por um Deus onipresente e onisciente – essa necessidade humana Freud nomeou transferência.

Assim, em resumo, a teoria da psicanálise se configura como um método não sugestivo de conhecimento dos processos inconscientes da mente. Seus propósitos são mais filosóficos do que psicológicos porque não se coadunam aos ideais ilusórios de felicidade plena, ausência de conflitos e adaptabilidade do indivíduo. Utiliza como instrumento de trabalho a palavra (interpretação) e o manejo da transferência, bem como o divã. No longo prazo, a psicanálise antevê a possibilidade de um sujeito ser cada vez mais capaz de assumir sua posição adulta, responsabilizando-se por seu próprio desamparo fundante e por seus atos no mundo.

Por sua vez, as teorias da psicoterapia podem ser resumidas a um modo genérico de chamar qualquer tipo de tratamento com propósitos psicológicos. Em linhas gerais, utilizam como instrumento de trabalho a palavra e se baseiam na sugestão ou no aconselhamento. Normalmente, seus objetivos são mais pontuais e, no longo prazo, a psicoterapia pode endossar o desejo do paciente por permanecer em uma posição infantil.

Disso surge uma das principais diferenças entre a psicanálise e as psicoterapias. Na psicanálise, a transferência será intensamente analisada, visando, no longo prazo, a resolução desse desejo infantil. Na prática, isso significa que, ao final de uma análise, o paciente será mais capaz de suportar a sua condição de desamparo fundante sem ter que entregar nas mãos de outros seres humanos a sua própria vida e as suas resoluções em troca de proteção, amparo e amor.

As teorias da clínica infantil: os desafios

Um dos desafios da **psicanálise** está frente ao mundo, que parece se apresentar de forma tão elástica e com tantas rupturas de elos que se aproxima de um mundo de dispersão, de excesso de informações que carecem de vivências, com multiplicidades identificatórias que tornam difícil ter um ideal a seguir. Essa multiplicidade de vínculos por vezes dispersos torna difícil a sustentação de focos de atenção, sendo esse um grande problema apresentado pelas crianças de nossa época e um grande desafio lançado ao atendimento clínico psicanalítico.

Moreira, Romagnolii e Neves (2007) reforça que o grande desafio para o **psicoterapeuta clínico infantil** ocorre no fato de que é fundamental a participação dos pais ou responsáveis para o bom andamento do trabalho psicoterapêutico, já que um dos objetivos da clínica com criança é fornecer condições aos pais ou responsáveis de interagir e participar ativamente da vida da criança, com presença, apoio e compreensão. Essas relações familiares muitas vezes estão marcadas por: desobediências, birras, desentendimentos, discussões, punições, acarretando em sofrimentos e ressentimentos em ambos, pais e filhos. Em algumas ocasiões, observa-se, nos pais, discursos de puro sentimento de culpa, arrependimento e insegurança quanto à educação de seus filhos. Muitos pais solicitam auxílio, mas, no âmbito escolar, questões familiares tão complexas não conseguem o alcance pretendido e necessário para a satisfação das necessidades da criança.

Enfim, tanto psicoterapeutas quanto psicanalistas ou outros profissionais da clínica infantil necessitam atuar com responsabilidade, buscando um atendimento eficaz junto às crianças e, para isso, é preciso reafirmar a importância de atuar a partir de um conhecimento teórico sólido e estruturado para tal.

A ludoterapia e a brincadeira

Homem (2009) aponta que a **ludoterapia** é o processo que identifica os problemas que interferem no desenvolvimento saudável da criança, ajudando-a a lidar com seus pensamentos, sentimentos e comportamentos de forma adequada. O trabalho com a criança é realizado por meio de jogos, brincadeiras e histórias, pois a linguagem lúdica é a maneira pela qual a comunicação infantil acontece. As crianças representam o que acontece em seu ambiente familiar, social, afetivo e como interage com ele. Dessa forma, criança e psicólogo descobrem, organizam e tratam os conflitos que perturbam o seu desenvolvimento saudável. Com as crianças, a terapia cognitiva tem o objetivo de quebrar pensamentos disfuncionais, reparar o seu comportamento frente à realidade. Em centenas de estudos, a terapia cognitiva tem se mostrado eficaz (Figura 1).

Figura 1. A criança na clínica: trabalho realizado por meio de atividades lúdicas.
Fonte: Vasconcelos (c2018).

Nessa perspectiva, é relevante considerar que, por meio do brincar, a criança vivencia diversas atividades lúdicas. A criança passa a se conhecer melhor, passa a conhecer suas dimensões, seu corpo, seus limites, passa a dominar suas angústias e a representar o mundo exterior, usando, para isso, o brinquedo.

Os jogos, os brinquedos ou as brincadeiras são atividades voluntárias e têm como características fundamentais o fato de ser livre, ter no faz-de-conta uma forma de representação de um desejo ou realidade.

Homem (2009) ressalta ainda que, por meio do brincar, a criança pode ser enxergada como um ser sexuado graças às reflexões propiciadas que demonstram o direito dela de se expressar, de manifestar desejos, dúvidas, hipóteses sobre qualquer assunto, principalmente sobre sua sexualidade.

Para tanto, é fundamental que seja dado um leque de possibilidades para que cada criança tenha a chance de transitar entre fantasia e realidade, desafiando-se e buscando suas maneiras de conviver. É relevante, também, considerar que os/as profissionais (psicólogos, psicanalistas, psicopedagogos) em seus procedimentos de ensino/aprendizagem, devam repensar e elaborar oportunidades, concebendo jogos, brinquedos e materiais didáticos como possibilitadores de encontros, de experiências e de revelações.

Em qualquer atendimento que se realiza com uma criança, inclusive no atendimento clínico, não devemos perder de vista que ela se encontra em uma fase de fantasias, imaginações e brincadeiras – a infância. Nesse cenário, a criança, na tentativa de elaborar a realidade, constrói suas percepções por meio da brincadeira. Nas brincadeiras, as crianças estão expostas a diversas formas de instruções e têm a possibilidade de aprender a segui-las, como também de formular novas instruções. É por meio do brincar que, muitas vezes, o atendimento clínico da criança acontece e proporciona resultados significativos. A criança que apresenta um mínimo de repertório que lhe permita brincar pode desenvolver e variar seu desempenho motor, cognitivo, afetivo, social, verbal e, ainda, superar medos, angústias e desenvolver resistências.

Referências

CAMAROTTI, M. C. *O nascimento da psicanálise de criança:* uma história para contar. *Reverso*, Belo Horizonte, v. 32, n. 60, p. 49-54, set. 2010. Disponível em: <http://pepsic.bvsalud.org/scielo.php?script=sci_arttext&pid=S0102-73952010000300007>. Acesso em: 27 nov. 2017.

FARIA, S. *Teoria do desenvolvimento humano.* [S.l.]: Supervisão Clínica na Enfermagem, 2007. Disponível em: <http://supervisaoclinicanaenfermagem.wikidot.com/teorias-do-desenvolvimento-humano>. Acesso em: 04 dez. 2017.

HOMEM, C. A ludoterapia e a importância do brincar: reflexões de uma educadora de infância. *Cadernos de Educação de Infância*, n. 88, p. 21-24, dez. 2009. Disponível em: <http://apei.pt/upload/ficheiros/edicoes/CEI_88_Artigo2.pdf>. Acesso em: 12 dez. 2017.

MARTINEZ, A. L. M. *Diferença entre psicoterapia e psicanálise.* Ribeirão Preto: Psicologia Ribeirão Preto, 2012. Disponível em: <http://www.ribeiraopretopsicologia.com.br/diferencas-entre-psicoterapia-e-psicanalise/>. Acesso em: 05 dez. 2017.

MOREIRA, J. O.; ROMAGNOLII, R. C.; NEVES, E. O. O surgimento da clínica psicológica: da prática curativa aos dispositivos de promoção da saúde. *Psicologia: Ciência e Profissão*, Brasília, v. 27, n. 4, p. 608-621, dez. 2007. Disponível em: <http://pepsic.bvsalud.org/scielo.php?script=sci_arttext&pid=S1414-98932007001200004>. Acesso em: 27 nov. 2017.

VASCONCELOS, S. *Psicoterapia psicodramática infantil.* [S.l.]: Saskia Vasconcelos Psicodrama, c2018. Disponível em: <http://www.saskiapsicodrama.com.br/areas-de-atuacao/psicoterapia-infantil/10>. Acesso em: 12 jan. 2018.

Leitura recomendada

FORTESKI, R. et al. Três abordagens em psicoterapia infantil. *Revista Cesumar Ciências Humanas e Sociais Aplicadas*, v. 19, n. 2, p. 525-544, jul./dez. 2014. Disponível em: <periodicos.unicesumar.edu.br/index.php/revcesumar/article/download/3223/2453>. Acesso em: 01 dez. 2017.

Desenvolvimento da criança na escola: aspectos físicos, emocionais e cognitivos

Objetivos de aprendizagem

Ao final deste texto, você deve apresentar os seguintes aprendizados:

- Identificar a escola como um lugar de desenvolvimento da criança.
- Relacionar a importância da escola no desenvolvimento dos aspectos físicos, emocionais e cognitivos da criança.
- Reconhecer quais são as principais contribuições da psicologia do desenvolvimento para a educação.

Introdução

Concebemos a escola como uma microsociedade que reflete o contexto existente fora desse espaço físico. Tendo em vista essa analogia, é fundamental pensarmos que o ambiente em que a criança vive, o núcleo familiar em que está inserida e o espaço escolar que frequenta devem estar integrados, conscientes de suas responsabilidades e em constante diálogo para que o desenvolvimento da criança ocorra de modo pleno.

Neste capítulo, você verá as funções e responsabilidades das instituições escolares no desenvolvimento infantil em seus mais variados aspectos, tais como os físicos, emocionais e cognitivos. Além disso, reconhecerá algumas contribuições da psicologia do desenvolvimento no acompanhamento dos processos evolutivos relacionados aos aspectos motores, perceptivos, linguísticos, cognitivos, espaciais e emocionais.

A escola e o desenvolvimento infantil

Se existe um espaço em que a maioria de nós frequentou por muitos anos de nossa vida, esse lugar se chama "escola". É dele que trazemos intensas memórias, nele convivemos com diversificados grupos e pessoas, desempenhando diferentes funções. Você pode até não ter refletido sobre tais questões, mas vivenciou experiências em um espaço em que havia regras que foram construídas, estabelecidas e partilhadas, funcionando como uma microsociedade em uma complexa rede de conexões. Ali, cada indivíduo carregava uma história, pertencia a um núcleo familiar, trazia diferentes conhecimentos e visões de mundo e se deparava com pessoas que seguiam variadas crenças, culturas e demais diversidades.

Outra questão sobre a qual se deve refletir é que assim como a sociedade sofreu grandes transformações, o espaço escolar também acompanhou (de certo modo) essas modificações. No ensino tradicional, tínhamos como modelo o professor centralizador, detentor do conhecimento, e os alunos eram os receptores do saber. Além das relações entre alunos e professores, também existem outros pontos a serem refletidos, como aponta Alarcão (2007, p. 13):

> A escola, instituição social, polo do binômio interativo escola-sociedade, irá metamorfosear-se ou permanecerá imutável e estática no modo hierárquico como se estrutura, na compartimentalização de turmas, espaços e tempos horários, na estrutura curricular de base disciplinar, na vivência individualista (não confundir com pessoalista) e tecnicista do cotidiano escolar, na regulação das avaliações?

O novo modelo social do mundo contemporâneo coloca em questão as proposições acima e impulsiona mudanças também na escola enquanto instituição. Com o avanço tecnológico, as informações passaram a ficar acessíveis, ressignificando tempo e espaço com o mundo todo conectado pelo advento da internet. Essa realidade não pode ser negada ou ignorada: pelo contrário, devemos nos valer dessa variedade de novas ferramentas em prol do conhecimento, preparando nossas crianças para utilizar com responsabilidade e sabedoria todos esses aparatos tecnológicos tão acessíveis em nossa sociedade atual.

Quanto aos profissionais da educação, a iniciar pela educação infantil, desde os cuidados com a creche, observamos que houve importantes ressignificações de papeis. Décadas atrás, havia uma preocupação assistencialista, com a qual os responsáveis, para que pudessem trabalhar, deixavam seus filhos para serem cuidados. Atualmente, notamos que, de cuidadores, os professores passaram cumprir seu papel de educadores, não somente tendo cuidados com higiene pessoal como atuando no desenvolvimento global das crianças, estimulando os mais diferentes aspectos físicos, emocionais, motores e cognitivos. Para isso, é necessário conhecer as fases de desenvolvimento para que esses estímulos acompanhem esse crescimento. O brincar como recreação também passou a ocupar um papel importante nesse desenvolvimento, no qual o lúdico acompanha o currículo a ser trabalhado.

Com todos esses apontamentos, podemos constatar que, em consonância com família e comunidade, o espaço escolar tem importantes responsabilidades no desenvolvimento infantil, devendo estar integrado para dar conta das demandas atuais e oportunizando aos seus educandos um ambiente acolhedor, que respeite e valorize sua cultura, conhecimentos prévios e modos de expressar-se.

O desenvolvimento físico, emocional e cognitivo escolar

Muito além de cuidar e assistir, o espaço escolar cumpre funções atuantes relacionadas aos aspectos físicos, emocionais e cognitivos de seus educandos. Nesse espaço de convivência, é possível identificar uma série de questões que envolvem a aprendizagem na identificação e no acompanhamento do desenvolvimento motor, social, linguístico intra e interpessoal.

> **Saiba mais**
>
> Do ponto de vista legal, a Educação Infantil é a primeira etapa da Educação Básica e tem como finalidade o desenvolvimento integral da criança de zero a cinco anos de idade em seus aspectos físico, afetivo, intelectual, linguístico e social, complementando a ação da família e da comunidade (Lei nº 9.394/96, art. 29).
> *Fonte:* Brasil (2009).

Embora saibamos que cada indivíduo é um ser complexo, com ritmo e comportamentos singulares, existem algumas observações a serem feitas e que são capazes de fornecer indícios sobre se a criança está evoluindo com sua aprendizagem (Figura 1), encontrando alguma dificuldade ou até mesmo portando algum transtorno que possa estar interferindo nesse processo.

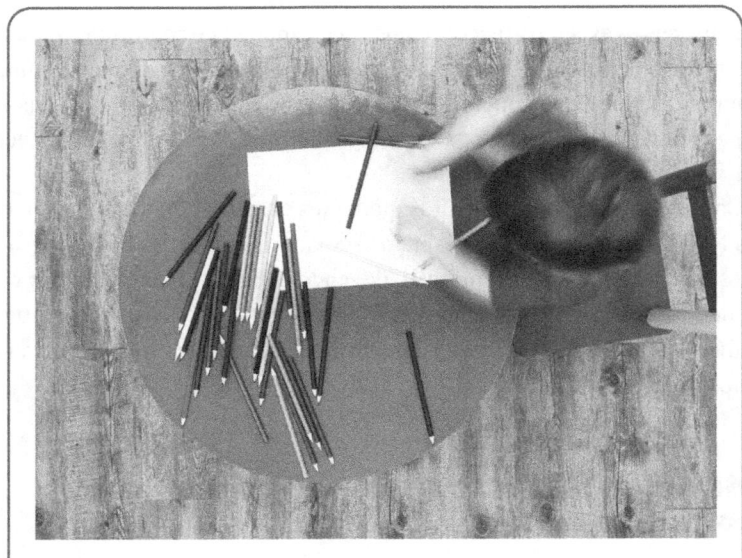

Figura 1. Criança em pleno processo de aprendizagem.
Fonte: Kitch Bain/Shutterstock.com.

A educação infantil é uma etapa fundamental e determinante para a formação global da criança, considerada o sujeito central de todo processo educacional, como aponta o Parecer CNE/CEB nº 20/2009, documento atual e norteador das práticas da Educação Infantil:

> A criança, centro do planejamento curricular, é sujeito histórico e de direitos que se desenvolve nas interações, relações e práticas cotidianas a ela disponibilizadas e por ela estabelecidas com adultos e crianças de diferentes idades nos grupos e contextos culturais nos quais se insere [...]. Assim, a motricidade, a linguagem, o pensamento, a afetividade e a sociabilidade são aspectos integrados e se desenvolvem a partir das interações que, desde o nascimento, a criança estabelece com diferentes parceiros, a depender da maneira como sua capacidade para construir conhecimento é possibilitada e trabalhada nas situações em que ela participa (BRASIL, 2009).

Pelo trecho acima, podemos observar que não são poucas as habilidades a serem desenvolvidas nessa etapa educacional. No mundo atual, não se sustenta mais o modelo de manter crianças sentadas por um período de tempo excessivo, colocando-as para executar exercícios mecânicos e descontextualizados. Pelo contrário, há uma preocupação maior com os aspectos emocionais, devido ao fato de que esses são requisitos básicos para se avançar com outros, tais como a parte psicomotora, intelectual e social da criança. A emoção está conectada com os vínculos afetivos que a criança constrói, favorecendo a sensação de segurança para que se sinta em harmonia e equilíbrio com o ambiente em que convive. Na prática, educar com foco no desenvolvimento emocional implica em ter uma equipe escolar e educadores flexíveis capazes de oportunizar aos alunos meios de expressão de suas emoções para que, gradativamente, vão aprendendo a lidar com suas variantes (alegria, raiva, impaciência, tristeza, entre outras). Outros aspectos básicos explicitados no Parecer CNE/CEB nº 20/2009 apontam princípios ainda muito discutidos no âmbito educacional. São eles:

> a) Princípios éticos: valorização da autonomia, da responsabilidade, da solidariedade e do respeito ao bem comum, ao meio ambiente e às diferentes culturas, identidades e singularidades.
> b) Princípios políticos: dos direitos de cidadania, do exercício da criticidade e do respeito à ordem democrática.
> c) Princípios estéticos: valorização da sensibilidade, da criatividade, da ludicidade e da diversidade de manifestações artísticas e culturais (BRASIL, 2009).

Como podemos ver, a educação infantil deve ser planejada tendo em vista a contemplação desses princípios básicos, ancorando em seu projeto político pedagógico ações e projetos que viabilizem a implementação dessas valorizações.

Ao se planejar atividades voltadas para cada fase do desenvolvimento das crianças, é possível trabalhar diversos aspectos de modo simultâneo, como, por exemplo, a utilização da ludicidade com a atividade de "pular amarelinha", tão utilizada por gerações anteriores. Com essa brincadeira, há a possibilidade de se trabalhar com a coordenação motora, espacial, com a linguagem com diferentes formas de expressão, com o partilhamento e o respeito às regras do jogo e de convivência. É importante que os profissionais da educação estejam em constante formação, investindo em práticas inovadoras, criativas e contextualizadas.

Psicologia do desenvolvimento e educação

A psicologia do desenvolvimento é uma área dentro das ciências psicológicas relacionada aos estudos envolvendo o desenvolvimento de aspectos como os motores, emocionais, cognitivos, linguísticos, assim como fenômenos relacionados à percepção, atenção e aprendizagem, envolvendo, assim, aspectos físicos e psicológicos gradativamente construídos desde que uma nova vida está sendo gerada.

Tais fenômenos a serem investigados dentro dessa área se integram com outros estudos biológicos, sociológicos, educacionais, antropológicos e neurocientíficos, apoiando-se nas descobertas dessas pesquisas para construir novas concepções acerca dessas manifestações físicas e emocionais.

> **Saiba mais**
>
> A respeito do objetivo da psicologia do desenvolvimento, Rappaport (1981, p. 3) esclarece:
> "Explicar como é que, a partir de um equipamento inicial (inato), o sujeito vai sofrendo uma série de transformações decorrentes de sua própria maturação (fisiológica, neurológica e psicológica), que, em contato com as exigências e respostas do meio (físico e social), levam à emergência desses comportamentos."

A psicologia do desenvolvimento tem profunda ligação com a educação, pois fornece meios de se compreender os processos maturacionais vivenciados em cada fase do desenvolvimento, além de oferecer aporte teórico, oportunizando o entendimento a respeito da aprendizagem e os fatores diretamente associados a esse processo.

Para construir esses estudos, os psicólogos dessa área se baseiam em pesquisas realizadas por meio de observações dos comportamentos infantis, tanto em ambientes escolares, familiares e sociais quanto em laboratórios, formulando, a partir dessas análises, descrições precisas que dão origem a teorias e conceitos que, segundo Rappaport (1981, p. 4), favorecem o entendimento dos seguintes aspectos:

> Do processo normal de desenvolvimento numa determinada cultura. Isto é, conhecimento das capacidades, potencialidades, limitações, ansiedades, angústias mais ou menos típicas de cada faixa etária. Dos possíveis desvios, desajustes e distúrbios que ocorrem durante o processo e podem resultar em problemas emocionais (neuroses, psicoses), sociais (delinquência, vícios, etc.), escolares (retenção, evasão, distúrbios de aprendizagem) ou profissionais.

Assim, é por meio de observações de aspectos como os explicitados acima que surgem teorias que orientam quanto à compreensão de variados fatos. Dentre as concepções que se originaram na psicologia do desenvolvimento, destacamos a seguir, no Quadro 1, as contribuições dos autores Piaget, Vygotsky e Wallon.

Quadro 1. Contribuições da psicologia do desenvolvimento

Autor	Contribuição
Piaget	Segundo Kincheloe (1997), Piaget inaugura o interacionismo ao propor que o conhecimento é uma construção que se dá na interação de um sujeito ativo com o meio, em constantes processos de desequilíbrio e busca de novo equilíbrio. A visão interacionista quebra a dicotomia sujeito/objeto, colocando ênfase na relação dinâmica, na interdependência entre os aspectos ligados ao sujeito que conhece e aos estímulos e condições do ambiente que o cerca.
Vygotsky	Vygotsky aprofundou-se no estudo das funções psicológicas superiores, que caracterizam e diferenciam a espécie humana. As funções tipicamente humanas se referem aos processos voluntários, às ações conscientemente controladas e aos mecanismos intencionais: a linguagem, a atenção, a lembrança voluntária, a memorização ativa, o pensamento abstrato, o raciocínio dedutivo, a capacidade de planejamento, a imaginação, entre outras. Segundo o autor, as formas superiores de comportamento consciente têm sua origem nas contínuas interações entre os aspectos biológicos/maturacionais e nas relações sociais que o sujeito estabelece no contexto cultural e histórico do qual faz parte.
Wallon	Para Wallon, o sujeito se constrói nas suas interações com o meio, de modo que deve ser compreendido, em cada fase do desenvolvimento, no sistema complexo de relações que estabelece com o seu ambiente. Contra simplificações, aponta a importância de se estudar a criança a partir de uma perspectiva global e dinâmica, multifacetada e original, que possa apreender sua real complexidade. Coerente com seu embasamento epistemológico no materialismo dialético, o autor se opõe aos reducionismos e encara as contradições como inerentes à realidade. Alguns princípios norteiam a concepção walloniana de desenvolvimento. Analisando esses princípios, é possível perceber a grande importância desse autor como precursor da valorização da emoção, do social e da afetividade no desenvolvimento humano e, portanto, na aprendizagem – marca indelével da espécie humana.

Fonte: Abed (2014).

Essas são algumas das principais contribuições da psicologia do desenvolvimento. Conhecer suas principais características e objetos de estudos oportuniza a pais e educadores o acesso a um aporte teórico relacionado às especificidades de cada fase em que a criança se desenvolve e os modos como podem ser estimuladas em diferentes aspectos para se desenvolver-se de modo global e pleno, contando com a interação entre família, escola e sociedade (Figura 2).

Figura 2. Uma criança que recebe os estímulos adequados tem melhores condições de desenvolvimento.
Fonte: Tibanna79/Shutterstock.com

Referências

ABED, A. L. Z. *O desenvolvimento das habilidades socioemocionais como caminho para a aprendizagem e o sucesso escolar de alunos da educação básica*. São Paulo: [s.n.], 2014. Disponível em: <http://portal.mec.gov.br/index.php?option=com_docman&view=download&alias=15891-habilidades-socioemocionais-produto-1--pdf&category_slug=junho-2014-pdf&Itemid=30192>. Acesso em: 10 dez. 2017.

ALARCÃO, I. (Org.). *Escola reflexiva e nova racionalidade*. Porto Alegre: Artmed, 2007.

BRASIL. Ministério da Educação. Conselho Nacional de Educação. *Parecer CNE/CEB nº: 20/2009*. Brasília: MEC, 2009. Disponível em: <http://portal.mec.gov.br/dmdocuments/pceb020_09.pdf>. Acesso em: 12 jan. 2018.

RAPPAPORT, C. R. Introdução. In: RAPPAPORT, C. R.; FIORI, W. R.; DAVIS, C. *Psicologia do desenvolvimento:* teorias do desenvolvimento conceitos fundamentais. São Paulo: EPU, 1981. v. 1, p. 1-9.

Leituras recomendadas

BRASIL. Ministério da Educação e do Desporto. Secretaria de Educação Fundamental. *Referencial curricular nacional para a educação infantil*. Brasília: MEC/SEF, 1998. v. 1. Disponível em: <http://portal.mec.gov.br/seb/arquivos/pdf/rcnei_vol1.pdf>. Acesso em: 12 jan. 2018.

CASTORINA, J. A.; BAQUERO, R. J. *Dialética e psicologia do desenvolvimento*: o pensamento de Piaget e Vygotsky. Porto Alegre: Artmed, 2008.

A importância do vínculo no desenvolvimento da criança

Objetivos de aprendizagem

Ao final deste texto, você deve apresentar os seguintes aprendizados:

- Reconhecer a relevância dos vínculos com os pais e cuidadores na constituição do sujeito.
- Analisar a teoria do apego nos relacionamentos entre a criança e os pais.
- Identificar os contextos das relações com os pais e cuidadores na contemporaneidade.

Introdução

Questões envolvendo pais e filhos estão presentes em diferentes tempos e espaços. Apesar de não existirem fórmulas prontas, não são poucos os conselhos e recomendações sobre como criar os filhos e como se relacionar com seus pais, não é mesmo? Além disso, você há de concordar que o desenvolvimento da criança e suas relações com os pais e cuidadores serão a base para sua formação e determinarão comportamentos ao longo de toda a sua vida.

É sobre isso que discutiremos neste capítulo, no qual você reconhecerá a importância dos vínculos com os pais e cuidadores na formação do indivíduo na fase infantil, analisará a teoria do apego, envolvendo as crianças e seus pais, e identificará os contextos familiares na atualidade.

Os vínculos afetivos com os pais e cuidadores na formação da criança

Relações entre a criança e seus pais e cuidadores envolvem questões complexas e determinantes, tais como cuidados com higiene, alimentação, integridade física, assistência emocional e educação. Pode ser que você tenha poucas lembranças do tempo em que ainda estava em formação na infância, mas certamente o que se tornou hoje é o somatório de todas essas experiências vivenciadas em seu núcleo familiar (Figura 1).

Figura 1. Vínculos familiares.
Fonte: VoodooDot/Shutterstock.com.

Existem diferentes modelos de família unidos por diferentes laços, partilhando experiências e construindo vínculos, sejam eles formados por uniões consanguíneas ou por outros elos.

> **Saiba mais**
>
> **Funcionamento familiar**
> "Por volta do século XV, segundo Sluzki (1997), o significado de família ampliou-se, abrangendo todos os membros da casa e favorecendo vínculos de proteção e lealdade, imersos em redes múltiplas, complexas e em evolução, incluindo todas as relações do indivíduo. O vínculo gerado nesse contexto proporciona a identidade, a história, o *feedback* social, o cuidado com a saúde, a validação e a responsabilidade pelo outro. O sistema promove o processo de integração, o bem-estar e a consolidação dos potenciais de adaptação e mudança. Nessa trama íntima da família ou na rede social significativa é que as experiências de perda e dor, alegria e amor, crescimento e criação, vivência e evolução se organizam e ganham significado. A rede mantém interações que reafirmam responsabilidades e papéis, neutralizam desvios de comportamento e favorecem a resolução de problemas."
> Fonte: Baptista e Teodoro, 2012, p. 38.

Independentemente do modo como cada grupo será formado, cada núcleo familiar terá um modo de ver e colocar em prática as funções dos pais e cuidadores de acordo com suas crenças e experiências. Cada uma dessas relações é única e pessoal e a prova disso é vermos em famílias com dois ou mais irmãos que se comportam e formam vínculos de modo diferentes, embora supostamente tenham recebido a mesma educação.

> O termo vínculo tem sua origem no latim "vinculum", que significa uma união com características duradouras. De igual maneira, provém da mesma raiz que a palavra "vinco", que se refere a alguma forma de ligação entre partes que se unem e que são inseparáveis, embora permaneçam delimitadas entre si. Vínculo também significa um estado mental que pode ser expresso através de diversos modelos e abordagens (ZIMERMAN, 2010, p. 21).

Tendo em vista as definições acima, vemos que o vínculo se estabelece por meio de conexões e influências entre os indivíduos, que vão construindo bases determinantes de sua formação. O primeiro elo a ser instituído se dá entre a gestante o bebê mesmo antes de nascer, numa relação que envolve todo o contexto em que essa mãe está inserida.

A história de uma nova vida inicia-se desde sua concepção. Dentro desse contexto, estão as motivações conscientes ou inconscientes que envolvem essa gravidez e essas impressões já vão sendo registradas por essa vida em formação. A própria mãe também carrega seus vínculos estabelecidos com seus pais e é dessas conexões interligadas que vão surgindo novos elos, que serão consolidados a partir do nascimento desse novo ser.

Após a chegada do bebê, o primeiro contato que estabelece um vínculo tanto emocional quanto físico se dá por meio da amamentação. Em sequência, temos outras atividades de assistência que podem ser realizadas pelos responsáveis da criança. A comunicação nessa fase se dá por meio de estímulos e observação, sendo de suma importância que o lar onde essa criança habite lhe oportunize se desenvolver, pois é dessa base que se construirá a formação de sua personalidade.

> A família é o primeiro modelo para a criança: educadora, incentivadora, apoiadora e nutridora do seu desenvolvimento. Nos primeiros anos de vida, os atributos de personalidade dos pais, sua forma de agir e criar os filhos, o ambiente do lar e a forma de relacionamento são elementos de influência no desenvolvimento do potencial criativo. Se a família provê à criança experiências favorecedoras ao seu desenvolvimento criativo, estimuladoras de sua curiosidade natural e fortalecedoras de sua autoestima, certamente a criatividade aflorará com maior facilidade. (OLIVEIRA, 2010, p. 84).

Por meio dessas experiências, pais e filhos vão fazendo parte de um processo mútuo de influências, já que, a partir de estímulos, as crianças vão desenvolvendo algumas inclinações para determinados espaços, preferências musicais, de estilo, por exemplo. Dependendo do grau de interesse por determinados gostos, os pais também podem adquirir novos hábitos e aprender com essa convivência.

> **Link**
>
> **O papel da figura paterna**
> "Em função das transformações sociais, culturais e familiares ocorridas, desde o século passado, o papel da figura paterna passou e está passando por mudanças significativas na nossa sociedade. O objetivo do presente artigo é trazer à luz algumas reflexões sobre o atual papel do pai, tanto para o filho, quanto para a família, bem como a sua grande importância na estruturação psíquica e no desenvolvimento social e cognitivo da criança" (BENCZIK, 2011, p. 67).
> Leia o artigo completo acessando o link a seguir.
> **https://goo.gl/osAfMU**

O vínculo entre pai e filho

Quando se trata especificamente do vínculo entre pai e filho/a podemos afirmar que eles também costumam adotar as mesmas ações e reações de conversar, sentir, dar carinho e até mesmo sofrem algumas mudanças fisiológicas, como o aumento do batimento cardíaco, devido a tamanha emoção do contato com seu bebê. Passados os primeiros meses, alguns comportamentos vão se diferenciando: enquanto as mães se dedicam mais aos cuidados pessoais, interagindo com semblante sorridente, demonstrando afeto, os pais costumam passar mais tempo em momentos lúdicos, optando por uma interação permeada por brincadeiras. Essas diferenças não se traduzem em um ter mais afeto ou vínculo que o outro, apenas retratam que existem modos diferentes de convivência (Figura 2).

Figura 2. O vínculo com a figura paterna se constrói, em geral, por meio de interações lúdicas.
Fonte: Monkey Business Images/Shutterstock.com.

Teoria do apego

Objeto de muitos estudos, as relações entre pais e filhos deram origem a diferentes teorias, como a que será discutida nesta seção, a denominada teoria do apego. Essa concepção se originou por meio de investigações dos pesquisadores John Bowlby e Mary Ainsworth sobre a primeira etapa das relações maternas e paternas (BEE; BOYD, 2011).

A partir desses estudos, foi constatado que a formação de vínculos emocionais é a base elementar que constitui a essência humana como forma de sobrevivência e se dá, inicialmente, por ações e reações instintivas. Esse processo evolutivo envolve comportamentos que aproximam os bebês de seus pais em formas de contato nas quais a criança chora, sorri, observa e os adultos vão interagindo, segurando a criança no colo e tentando falar com um tom de voz diferenciado, por exemplo.

De acordo ainda com os pesquisadores Bowlby e Ainsworth (1989 apud BEE; BOYD, 2011), esse modelo recíproco de conduta é fundamental para a formação dos vínculos de afetividade e apego. Segundo Bowlby e Ainsworth (1989, p. 711 apud BEE; BOYD, 2011, p. 308), vínculo afetivo é "[...] um laço de duração relativamente longa no qual o parceiro é importante como um indivíduo único e não é intercambiável com nenhum outro. Em um vínculo afetivo, há um desejo de manter proximidade com o parceiro [...]". Já o apego se trata de um tipo de vínculo afetivo permeado pela sensação de segurança e conforto referentes à outra pessoa com a qual esse ser está se relacionando.

Dentro dessa ótica, podemos analisar que, dentro da relação da criança com o pai, temos o sentimento de apego manifestado, porém, do pai para a criança, regularmente esse apego não irá existir por não estar presente a sensação de segurança como algo que a criança vá lhe transmitir. Em uma relação entre adultos, o apego é mais natural, seja entre parceiros ou amigos íntimos que transmitem a sensação de segurança, apoio, estabilidade e aceitação.

Pelo fato de esses sentimentos não serem observáveis externamente, é por meio de observações comportamentais que ocorrem essas inferências. Naturalmente, a criança demonstra por meio de um sorriso, tentando se aproximar com gestos e contato visual, deixando transparecer que se sente confortável com algumas presenças habituais. Como o bebê necessita de um tempo permanente de assistência nas primeiras etapas da vida, é natural que demonstre a carência de ajuda. Com o tempo, essa prática de necessitar de apoio vai diminuindo e a criança vai ganhando relativa independência, o que não significa que o afeto diminuiu. Segundo Bowlby e Ainsworth (1989 apud BEE; BOYD, 2011, p. 308):

> [...] uma vez que um apego com outra pessoa tenha sido estabelecido, a criança começa a construir uma representação mental do relacionamento que se torna um conjunto de expectativas para futuras interações com a mesma pessoa. Bowlby criou o termo **modelo funcional interno** para descrever essa representação mental e sugeriu que ele inclui elementos como a confiança das crianças (ou a falta dela) de que a figura de apego esteja disponível ou seja confiável, a expectativa de rejeição ou afeição e a convicção de que a figura de apego é realmente uma base segura para exploração. O modelo interno começa a ser formado no final do primeiro ano de vida e se torna cada vez mais elaborado e mais bem estabelecido durante os primeiros 4 ou 5 anos.

Também de acordo com esse modelo proposto por Bowlby e Ainsworth, as percepções e recordações das crianças se moldam de acordo com essas representações internas. As vivências que não se ajustam são esquecidas e as que são favoráveis de acordo com suas concepções são recriadas. Como essas ações e reações são subjetivas, o que para uma criança é significativo, para outra é passível de rejeição. Para exemplificar esse conceito, Sroufe (1988, p. 23 apud BEE; BOYD, 2011, p. 309) esclarece:

> [...] uma criança se aproxima de outra e a convida para brincar. Rejeitada, a criança vai embora e fica amuada em um canto. Uma segunda criança recebendo a mesma reação negativa procura outro companheiro e, com sucesso, inicia uma brincadeira. Suas experiências de rejeição são imensamente diferentes. Cada uma recebe a confirmação de modelos funcionais internos bastante diferentes.

O mesmo funcionamento desse modelo interno voltado para o apego também está presente em outras ações comportamentais, nas quais cada criança percebe e recorda por meio dessas expectativas que vão sendo recriadas, levando em consideração seu modo de interpretar o ambiente e as pessoas que as cercam.

Outro ponto a ser abordado em nossos estudos diz respeito à questão do apego dos pais aos filhos. É senso comum pensar que esse afeto se dará de imediato, mas, ao nos aprofundarmos mais nesse assunto, veremos que existem aspectos bem mais complexos envolvendo essas relações. É fundamental que, no início da criação desse vínculo, haja uma interação em que o bebê dá sinais do que necessita enquanto é observado por seus pais, que reagem, geralmente, trazendo essa criança ao colo ou alimentando-a, cuidando de sua higiene pessoal em um jogo de sincronia. É interessante observar que, na presença de um bebê, instintivamente os adultos adotam ações semelhantes, como mudar a voz, a expressão facial, sorrir e buscam interagir com o recém-nascido.

As formas de apego do bebê em relação aos pais vão surgindo de modo gradual, sendo possível observar três fases, de acordo com Bowlby (apud BEE; BOYD, 2011). Veja o Quadro 1 a seguir.

Quadro 1. Fases de apego de acordo com Bowly (1969)

Fase 1: Orientação e sinalização não focada	Neste estágio, há pouca evidência de que o bebê esteja apegado aos pais. Não obstante, as raízes do apego estão estabelecidas. O bebê está construindo expectativas e esquemas sobre padrões de interação com os pais, bem como desenvolvendo a capacidade de discriminar mamãe e papai de outros em muitos contextos.
Fase 2: Foco em uma ou mais figuras	Aos 3 meses, o bebê começa a usar seus comportamentos de apego um pouco mais restritamente. Ele pode sorrir mais para as pessoas que cuidam dele regularmente e pode não sorrir facilmente para um estranho. O bebê ainda não tem um apego completo, contudo. A criança ainda favorece um número de pessoas com seus comportamentos promotores de proximidade, e nenhuma pessoa tornou-se ainda a "base segura". As crianças, nessa fase, não apresentam ansiedade especial ao serem separadas de seus pais nem medo de estranhos.
Fase 3: Comportamento de base segura	Apenas aos 6 meses, aproximadamente, de acordo com Bowlby, o bebê forma um apego genuíno. Visto que os bebês de 6 a 7 meses começam a ser capazes de se movimentar pelo mundo mais livremente, arrastando-se e engatinhando, ele tanto pode se mover na direção do cuidador como induzir o cuidador a vir até ele. Uma vez que a criança tenha desenvolvido um apego claro, diversos comportamentos relacionados também aparecem: ela começa a observar a expressão facial da mamãe e do papai antes de decidir se aventurar em alguma situação nova.

Fonte: Adaptado de Bee e Boyd (2011, p. 310).

Estrutura, configurações e sistemas familiares contemporâneos

Você parou para refletir se os modelos de configuração das famílias sofreram alguma alteração de séculos/décadas atrás para as apresentadas atualmente? E conseguiria identificar a diferença entre configuração e estrutura familiar?

A expressão "configuração familiar" diz respeito à reunião de pessoas que compõem um núcleo, concebendo-o como família (WAGNER, 2011). Os membros variam desde os modelos mais tradicionais com vínculos consanguíneos ou de parentesco até as uniões mais diversificadas que existem em nosso dia a dia.

Estrutura familiar, ou seja, em que consiste a organização dentro desses núcleos, de acordo com Nichols e Schwartz (2007 apud WAGNER, 2011, p. 22), se define da seguinte forma:

> A estrutura familiar é o conjunto invisível de exigências funcionais que organiza as formas pelas quais os membros da família interagem. É o conjunto de regras que governa as transações da família [...]. Uma família é um sistema que opera através de padrões transacionais, isto é, padrões de funcionamento que são constantemente ativados quando algum membro do sistema está em interação com outro. A partir dessas interações, são estabelecidos padrões, determinados papéis e é instaurada a previsibilidade.

Ao diferenciar *estrutura* de *configuração familiar*, é possível compreender que existe uma diversidade de núcleos familiares, como, por exemplo, uniões homoafetivas, pessoas que se casaram novamente, estrutura monoparental, avós que assumem a criação dos netos, entre outras. Assim, é fundamental desconstruir o pensamento de que o único modelo existente é composto por um só tipo de núcleo e também compreender que o modo como essa configuração se dá não explica como irá funcionar estruturalmente. Existem, dentro de cada conjunto, hierarquias, regras, acordos, costumes que se apresentam dentro dessa convivência, assim como conflitos a serem administrados, independentemente de como essa família está composta.

Pesquisadores especialistas nessa temática familiar criaram, a partir de 1960, a teoria dos sistemas, a partir da qual enxergam as estruturas formadas pelos membros familiares como um sistema, que se refere à interação desse grupo de indivíduos que se conectam por laços sanguíneos, afetivos, por exemplo, e formam uma rede dinâmica de convivência.

Essa teoria dos sistemas, então, analisa a estrutura e constata se existem arranjos intrínsecos que possibilitam aos membros a interação numa teia de regras estabelecidas por meio das mais variadas naturezas e na qual acordos são realizados e auxiliam na mediação desse grupo. Assim, cotidianamente, acontecimentos vão sendo administrados, promovendo mudanças, evoluções, causando ora estabilidade, ora instabilidade. Dentro desses sistemas, encontramos os chamados subsistemas, compostos pelos seguintes agrupamentos que se intercomunicam entre si, segundo Wagner (2011).

Quadro 2. Teoria dos sistemas: subsistemas

Subsistemas	Definições
Subsistema conjugal	é formado por duas pessoas adultas unidas entre si por laços afetivos e tem como característica principal a constituição de um par que se une com a finalidade de constituir seu próprio sistema familiar (MINUCHIN, 1982).
Subsistema parental	é o subconjunto da família, derivado do subsistema conjugal, que surge a partir da chegada do primeiro filho e as consequentes incorporações de papéis de pai e mãe. Esses papéis estão ligados à identidade pessoal, social e psicossocial de cada indivíduo (OSÓRIO, 2002).
Subsistema fraterno	é o espaço considerado como o primeiro laboratório social em que as crianças podem experimentar relações com seus iguais e, posteriormente, utilizarem-se desse conhecimento nas relações interpessoais fora do sistema familiar. A partir dessas interações, as crianças desenvolvem capacidades para fazer amigos e aliados, negociar, cooperar, competir, ter prestígio e o reconhecimento de suas habilidades, preparando-se para as relações sociais que irão vivenciar fora do âmbito familiar (MINUCHIN, 1982; SILVEIRA, 2002).
Subsistema fraterno–filial	subsistema que se configura como filhos de progenitores distintos, vivendo na mesma casa, em uma família composta por um casal recasado, sendo uma filha(o) do primeiro casamento da mãe e um filho(a) do primeiro casamento do pai, por exemplo. É uma realidade cada vez mais comum nas famílias atuais e, mais uma vez, o desafio se apresenta à medida que se busca uma legitimação para os subsiste- mas que envolvem esse tipo de configuração familiar.

Fonte: Adaptado de Wagner (2011, p. 24-25).

No Quadro 2, é possível suscitar questões que levam à reflexão sobre seu conjunto e estrutura familiar e desenvolver um olhar sensível e diferenciado para conviver com outros modelos que são tão legítimos quanto os mais tradicionais.

As mudanças socioculturais sofridas na sociedade contemporânea ressignificaram algumas funções e expectativas. Tanto homens quanto mulheres passaram por mudanças, seja no mercado de trabalho ou no âmbito familiar, e questões envolvendo cuidados e assistência, assim como os laços afetivos a serem construídos com as crianças, passaram a ser desempenhados por seus responsáveis (sejam pais adotivos, relações homoafetivas, casais heterossexuais), não sendo algo centralizado na figura materna (enquanto o pai era responsável pelo sustento da família, como décadas atrás).

É cada vez mais importante quebrar alguns estereótipos e contribuir para uma sociedade rica por sua pluralidade e que seja capaz de acolher, compartilhar, proteger a chegada de cada novo membro, formando um laço capaz de dar e receber a segurança para se desenvolver plenamente em seu direito de ser e estar no mundo.

Referências

BAPTISTA, M. N.; TEODORO, M. L. M. (Org.). *Psicologia de família*: teoria, avaliação e intervenções. Porto Alegre: Artmed, 2012.

BEE, H.; BOYD, D. *A criança em desenvolvimento*. 12. ed. Porto Alegre: Artmed, 2011.

BENCZIK, E. B. P. A importância da figura paterna para o desenvolvimento infantil. *Revista Psicopedagogia*, São Paulo, v. 28, n. 85, p. 67-75, 2011. Disponível em: <http://pepsic.bvsalud.org/pdf/psicoped/v28n85/07.pdf>. Acesso em: 09 dez. 2017.

OLIVEIRA, Z. M. F. Fatores influentes no desenvolvimento do potencial criativo. *Estudos de Psicologia*, Campinas, v. 27, n. 1, p. 83-92, jan./mar. 2010. Disponível em: <http://www.scielo.br/pdf/estpsi/v27n1/v27n1a10>. Acesso em: 15 jan. 2018.

WAGNER, A. (Org.). *Desafios psicossociais da família contemporânea*: pesquisas e reflexões. Porto Alegre: Artmed, 2011.

ZIMERMAN, D. E. *Os quatro vínculos*: amor, ódio, conhecimento, reconhecimento, na psicanálise e em nossas vidas. Porto Alegre: Artmed, 2010.

A clínica infantil na contemporaneidade

Objetivos de aprendizagem

Ao final deste texto, você deve apresentar os seguintes aprendizados:

- Identificar os avanços da clínica infantil no transcorrer da história.
- Relacionar a clínica infantil com o atual contexto histórico, social e econômico.
- Reconhecer as características que distinguem a clínica infantil na contemporaneidade.

Introdução

Neste capítulo, você terá a possibilidade de estudar sobre os processos de transformação e evolução do atendimento clínico para crianças, bem como a sua influência nos processos de aprendizagem, traçando as suas principais características na atualidade – os preceitos, os pensadores, as abordagens, as discussões e outros aspectos que atravessam o cenário clínico moderno atual. Você poderá, ainda, compreender a clínica infantil, relacionando-a ao contexto histórico, social, econômico, político, educacional e valorativo vigente em nossos dias para, assim, mostrar os possíveis avanços ou retrocessos de todo esse arcabouço no qual a clínica infantil está envolvida – inclusive, com o objetivo de repensar as técnicas e práticas utilizadas nos atendimentos, remontando um percurso histórico.

Outro aspecto importante que você verá neste capítulo são os apontamentos quanto às características que distinguem a clínica da criança em nosso contexto atual: como ocorrem os atendimentos infantis? Quais teorias estão surgindo? Como se posicionam as famílias? Qual a relação com a educação? Tudo isso é discutido com base em uma visão de que o sujeito está em constante mudança e, também, na perspectiva da não linearidade da vida. Para tanto, este capítulo propõe que você se debruce sobre esta temática para reconhecer e refletir sobre tais processos.

Os avanços da clínica infantil na história

Antes abordar os avanços da clínica infantil, é necessário traçar alguns aspectos sobre a história da infância. Nesse sentido, para Kramer (2006, p. 13), "[...] a infância é entendida como o período da história de cada um que se estende, na nossa sociedade, do nascimento até aproximadamente os dez anos de idade [...]".

O Estatuto da Criança e do Adolescente, Lei nº 8.069, de 13 de julho de 1990, dedica-se a garantir o direito de cada criança e adolescente a educação, cultura, esporte e lazer, sendo os Artigos 53 a 55 específicos à educação. A saber:

> Art. 53. A criança e o adolescente têm direito à educação, visando ao pleno desenvolvimento de sua pessoa, preparo para o exercício da cidadania e qualificação para o trabalho, assegurando-se-lhes:
> I - igualdade de condições para o acesso e permanência na escola;
> II - direito de ser respeitado por seus educadores;
> III - direito de contestar critérios avaliativos, podendo recorrer às instâncias escolares superiores;
> IV - direito de organização e participação em entidades estudantis;
> V - acesso à escola pública e gratuita próxima de sua residência.
> Parágrafo único. É direito dos pais ou responsáveis ter ciência do processo pedagógico, bem como participar da definição das propostas educacionais.
> Art. 54. É dever do Estado assegurar à criança e ao adolescente:
> I - ensino fundamental, obrigatório e gratuito, inclusive para os que a ele não tiveram acesso na idade própria;
> II - progressiva extensão da obrigatoriedade e gratuidade ao ensino médio;
> III - atendimento educacional especializado aos portadores de deficiência, preferencialmente na rede regular de ensino;
> IV – atendimento em creche e pré-escola às crianças de zero a cinco anos de idade; (Redação dada pela Lei nº 13.306, de 2016)
> V - acesso aos níveis mais elevados do ensino, da pesquisa e da criação artística, segundo a capacidade de cada um;
> VI - oferta de ensino noturno regular, adequado às condições do adolescente trabalhador;
> VII - atendimento no ensino fundamental, através de programas suplementares de material didático-escolar, transporte, alimentação e assistência à saúde.
> § 1º O acesso ao ensino obrigatório e gratuito é direito público subjetivo.
> § 2º O não oferecimento do ensino obrigatório pelo poder público ou sua oferta irregular
> importa responsabilidade da autoridade competente.
> § 3º Compete ao poder público recensear os educandos no ensino fundamental, fazer-lhes a chamada e zelar, junto aos pais ou responsável, pela frequência à escola.
> Art. 55. Os pais ou responsável têm a obrigação de matricular seus filhos ou pupilos na rede regular de ensino. (BRASIL, 1990).

Em outra obra, Kramer (1999) tem defendido uma concepção que reconhece o que é específico da infância, que é o poder de imaginação, fantasia e criação. Contudo, entende "[...] as crianças como cidadãs, pessoas que produzem cultura e são nela produzidas, que possuem um olhar crítico que vira pelo avesso a ordem das coisas subvertendo essa ordem [...]" (KRAMER, 1999, p. 272).

O atendimento clínico infantil

Considerando o processo histórico da infância, Araújo et al. (2014) observa que, no contexto atual do atendimento clínico psicológico, com as ações que emergem e se solidificam nessa área, principalmente no atendimento infantil, percebemos uma flexibilização e uma politização cada vez mais crescentes, que se associam ao desenvolvimento do trabalho clínico.

Essa conduta surge como fundamental diante da realidade da multiplicidade de fatores que entrelaçam o exercício profissional na diversidade de campos em que o psicólogo se insere, inclusive no atendimento com crianças. Entretanto, vale ressaltar que quanto mais visibilidade esse profissional está construindo nos processos educacionais, históricos e sociais, mais necessária se torna a realização de análises críticas e pesquisas acerca do impacto de suas intervenções, dada a força do atendimento clínico-psicológico às crianças.

Pastore (2017) diz que o imediatismo de nossos tempos afeta também o desempenho profissional, que busca a resolução imediata das problemáticas, favorecendo a introdução da medicação. Ao mesmo tempo, as abordagens múltiplas e simultâneas propostas pelo campo cognitivo-comportamental constituem um adestramento que não resolve a problemática e que gera dificuldades ao nível da dinâmica familiar, pois tudo gira em torno dos múltiplos tratamentos indicados.

As instituições educativas, em muitos casos, em vez de alojar as crianças e adolescentes e operar como espaço de transição entre os objetos primários e a cultura, funcionam de maneira rígida e expulsiva. Faz-se necessário um trabalho de revisão de nossas teorias com o objetivo de desprender-nos daqueles conceitos fortemente impregnados da época e pensar nos diversos fatores causadores de um mal-estar atual a partir de uma perspectiva dinâmica e metapsicológica que nos permita gerar as estratégias de abordagem adequadas às configurações particulares que cada época imprime à subjetividade.

As teorias e a atualidade

As teorias do desenvolvimento humano e da aprendizagem muito influenciaram as compreensões psicológicas para o atendimento clínico, inclusive de crianças. Para os pensadores da aprendizagem, o desenvolvimento humano é resultado da aprendizagem, com base na experiência, adaptação ao ambiente ou influências, reafirmando que a vida é um permanente processo de construção da aprendizagem.

Na perspectiva da atualidade, Faria (2007) diz que novas maneiras e novas vivências fazem emergir novos padrões de comportamento, daí a pertinência de tais abordagens influenciarem diretamente o atendimento clínico infantil. São teorias do desenvolvimento humano: Behaviorismo, Teoria da Aprendizagem Social, Teoria da Perspectiva Cognitiva, Método Fenomenológico e Psicanálise.

Para Faria (2007), existem ainda as teorias emergentes, ou seja, teorias que englobam diversas outras teorias que podem se tornar as novas e inovadoras teorias do futuro. São exemplos dessas teorias:

1. **teoria sociocultural de Vygotsky**, que tenta explicar o crescimento do conhecimento e das qualificações do sujeito em função da orientação, do suporte e da estrutura que a sociedade nos oferece;
2. **teoria dos sistemas epigenéticos**, que reafirma a interação dinâmica e recíproca entre os genes e o ambiente;
3. **teoria ecológica do desenvolvimento humano**, que propõe que o desenvolvimento humano é apoiado em quatro níveis dinâmicos e inter-relacionados: a Pessoa, o Processo, o Contexto e o Tempo – esta abordagem defende que toda pessoa é significativamente influenciada pelas interações entre os ecossistemas, incluindo os contextos sociais, econômicos, culturais e históricos, além do sistema escolar, sistema de saúde, a comunidade e a comunicação social e, ainda, a família, os amigos e a estrutura religiosa;
4. **perspectiva humanista**, que enfatiza a capacidade das pessoas, independentemente da idade ou das circunstâncias, de assumirem o controle das suas vidas e promoverem o seu próprio desenvolvimento por meio das capacidades exclusivamente humanas de escolha, criatividade e autorrealização;
5. **teoria da motivação**, que transmite o desenvolvimento máximo dos potenciais de cada ser humano (cada pessoa atinge a sua autorrealização na medida em que procura atualizar os seus potenciais).

A clínica infantil no atual contexto histórico, social e econômico

Nos dias atuais, o atendimento clínico infantil está cada vez mais sendo pautado por estratégias lúdicas variadas. Tais estratégias lúdicas são utilizadas como mecanismos para procedimentos e intervenções aplicadas no atendimento de crianças com queixas e demandas diversas, como ausência de regras, depressão, excesso de timidez, agressividade e irritação, entre outras. É marcante, no atendimento clínico infantil da atualidade, a utilização de análises do comportamento da criança e suas interações com os outros e com o ambiente, de modo a focar nos processos de aprendizagem, no desenvolvimento emocional e relacional da criança. Nessa perspectiva, observa-se que o atendimento clínico para os novos tempos mudou.

O atendimento clínico se transformou, a clínica atual mudou, tomou novos rumos, fez outras descobertas, propôs novas abordagens e formas de conceber o paciente. São novos motivos de consulta que exigem novos modos de intervenção e isso, sem dúvida, relaciona-se com as mudanças culturais, sociais, políticas e educacionais e, nessa perspectiva, novas demandas de atendimento vão surgindo, emergem queixas antes não conhecidas e, consequentemente, na mesma proporção, diferentes estudos e pesquisas para tentar responder às necessidades do contexto atual.

Atualmente, as clínicas de atendimento infantil recebem consultas sobre crianças e adolescentes, que chegam com um diagnóstico já realizado por profissionais de outras áreas: neurologistas, psicopedagogos, neurolinguistas, psicomotricistas, inclusive de instituições educativas e com indicações precisas sobre como tratá-los. Esse fato explicita a abrangência e as dimensões tomadas pelos atendimentos clínicos para crianças, bem como a diversidade de demandas infantis na sociedade atual.

Oliveira (1998) problematiza alguns aspectos relacionados à infância ao relatar que um mundo que promove a ascensão social da criança, de modo a realizar o ideal do adulto, explora o exacerbamento da tendência à posse, à desconsideração e à deformação do outro, instigando a competição exagerada num cenário de vítimas dessa ilusão. Assim, parece tão necessário, hoje, redobrarmos a atenção sobre o fato de que o amadurecimento pessoal se faz com o outro, sendo capaz de dar significados às vivências como um modelo vivo.

Nessa perspectiva, é possível afirmar que os profissionais e estudiosos da clínica infantil necessitam debruçar-se sobre os aspectos que marcam a sociedade atual: os novos caminhos da educação; as relações pessoais; as condições socioeconômicas e os avanços tecnológicos para, assim, atuarem com coerência e eficácia, respeitando a criança em sua totalidade, percebendo seus contextos e suas dimensões e, ainda, podendo intervir em seus processos na tentativa de acolher suas queixas minimizar seu sofrimento.

A clínica infantil e as provocações atuais

A clínica infantil na atualidade é atravessada por grandes desafios e inúmeras provocações, considerando a grande complexidade do ser humano e as demandas, cada vez mais diversas, que perpassam diferentes questões. Portanto, devemos reconhecer a dificuldade que a psicologia, por exemplo, tem encontrado no sentido de desenvolver os seus estudos para compreender por que os sujeitos se comportam de determinada maneira.

De acordo com Torós (2017?), comparada com outras ciências, a psicologia, hoje, ainda ocupa um lugar bastante rudimentar, em parte porque seu objeto de estudo é complexo e, em parte, pelas diferentes posições dos profissionais que se dedicam a esse assunto, inclusive atuando clinicamente.

Do ponto de vista da autora, o grande desafio da psicologia clínica atualmente, inclusive para o atendimento com crianças, está no reconhecimento de sua efetividade, que só poderá acontecer a partir do momento em que a prática clínica estiver sustentada por um corpo de teorias cientificamente validadas.

O contexto do brincar, a criança e o atendimento clínico

Torós (2017?) defende ainda que, para o atendimento clínico atual de crianças, está cada vez mais legitimado que é fundamental que seja dado um leque de possibilidades para que cada criança tenha a chance de transitar entre fantasia, imaginação e realidade, desafiando-se e buscando suas maneiras de conviver e de aprender em seus diferentes contextos. É relevante, também, considerar que os/as profissionais (psicólogos, psicanalistas, psicopedagogos), em seus procedimentos de atendimento e ensino/aprendizagem, devam repensar e elaborar oportunidades, concebendo jogos, brinquedos, brincadeiras e materiais didáticos como possibilitadores de encontros, de experiências e de revelações.

Em qualquer atendimento que se realiza com uma criança, inclusive no atendimento clínico, não devemos perder de vista que ela se encontra em uma fase de fantasias, imaginações e brincadeiras – a infância. Nesse contexto, a criança, na tentativa de elaborar a realidade, constrói suas percepções por meio da brincadeira. Nas brincadeiras, as crianças estão expostas a diversas formas de instruções e têm a possibilidade de aprender a segui-las, mas também de formular novas instruções. É por meio do brincar que, muitas vezes, o atendimento clínico da criança acontece e proporciona resultados significativos.

> **Fique atento**
>
> A criança que apresenta um mínimo de repertório que lhe permita brincar pode desenvolver e variar seu desempenho motor, cognitivo, afetivo, social, verbal e, ainda, superar medos, angústias e desenvolver resistências.

A clínica infantil na contemporaneidade: algumas distinções

A respeito das características patológicas, Berardi (2007) aponta que se na sociedade moderna a patologia prevalente em escala epidêmica era a neurose produzida pela repressão, hoje, as patologias de alcance epidêmico são de caráter psicótico-pânico. A hiperestimulação da atenção reduz a capacidade de interpretação sequencial crítica e o tempo disponível para a elaboração emocional do outro, do corpo e do discurso do outro, que trata de ser compreendido sem conseguir. A seguir são apresentadas algumas características comuns na clínica psicoterapêutica infantil.

Psicoterapia clínica infantil

Forteski et al. (2014) apresenta que as características que demarcam a psicoterapia clínica infantil nos dias de hoje se baseiam no fato de que é fundamental a participação dos pais ou responsáveis para o bom andamento do trabalho psicoterapêutico, já que um dos objetivos da clínica com criança é fornecer condições aos pais ou responsáveis de interagir e participar ativamente da vida da criança, com presença, apoio e compreensão.

Essas relações familiares, muitas vezes, estão marcadas por: desobediências, birras, desentendimentos, discussões, punições, acarretando sofrimentos e ressentimentos em ambos, pais e filhos. Em algumas ocasiões, observam-se discursos de sentimento de culpa, arrependimento e insegurança nos pais quanto à educação de seus filhos. Muitos pais solicitam auxílio, mas, no âmbito escolar, questões familiares tão complexas não conseguem o alcance pretendido e necessário para a satisfação das necessidades da criança.

Segundo Homem (2009), para os psicólogos, psicopedagogos, psicanalistas ou outros profissionais que atuam com crianças, é importante que haja o interesse e o gosto pelo mundo das crianças, o gosto pelo brincar, pois o processo envolve sentar no chão, estimular a criatividade, trabalhar com tinta e argila, contar histórias, enfim, atuar na realidade baseada da criança, realizar o atendimento baseado na **ludoterapia**. Essa experiência faz com que a criança do terapeuta seja rememorada e reatualizada, por isso é imprescindível que ele esteja bem com a sua criança.

Enfim, diante de todos os aspectos apresentados, ressalta-se, também, que uma das maiores características para o profissional clínico infantil na contemporaneidade está relacionado à necessidade do mesmo de conhecer o universo social em que a criança está inserida; assim, por muitas vezes, o contato com a escola, com professores ou outras instituições que a criança frequenta é imprescindível, além do contato familiar.

Referências

ARAÚJO, J. P. et a . História da saúde da criança: conquistas, políticas e perspectivas. *Revista Brasileira de Enfermagem*, Brasília, v. 67, n. 6, p. 1000-1007, nov./dez. 2014. Disponível em: <http://www.scielo.br/pdf/reben/v67n6/0034-7167-reben-67-06-1000.pdf>. Acesso em: 26 nov. 2017.

BERARDI, F. *Patologías de la hiperexpresividad*. [S.l.: s.n.], 2007. Disponível em: <http://www.ugr.es/~filosofiayterapia/MATERIALES/Baudrillard/5%20Patologias%20de%20la%20hiperexpresividad_Bifo.pdf>. Acesso em: 12 dezembro de 2017.

BRASIL. *Lei nº 8.069, de 13 de julho de 1990*. Estatuto da Criança e do adolescente. Brasília: Presidência da República, 1990. Disponível em: <http://www.planalto.gov.br/ccivil_03/leis/L8069.htm>. Acesso: 19 dez. 2017.

FARIA, S. *Teoria do Desenvolvimento Humano*. [S.l.]: Supervisão Clínica na Enfermagem, 2007. Disponível em: <http://supervisaoclinicanaenfermagem.wikidot.com/teorias-do-desenvolvimento-humano>. Acessado em: 04 dez. 2017.

FORTESKI, R. et al. Três abordagens em psicoterapia infantil. *Revista Cesumar Ciências Humanas e Sociais Aplicadas*, v. 19, n. 2, p. 525-544, jul./dez. 2014. Disponível em: <periodicos.unicesumar.edu.br/index.php/revcesumar/article/download/3223/2453>. Acesso em: 01 dez. 2017.

KRAMER, S. *A infância e sua singularidade*. In: BRASIL. Ministério da Educação. Secretaria de Educação Básica. *Ensino fundamental de nove anos*: orientações para a inclusão da criança de seis de anos de idade. 2. ed. Brasília: FNDE, 2007. p. 13-23.

KRAMER, S. Infância e educação: o necessário caminho de trabalhar contra a barbárie. In: KRAMER, S. et al. (Org.). *Infância e educação infantil*. Campinas: Papirus, 1999.

HOMEM, C. *A ludoterapia e a importância do brincar:* reflexões de uma educadora de infância. *Cadernos de Educação de Infância*, n. 88, p. 21-24, dez. 2009. Disponível em: <http://apei.pt/upload/ficheiros/edicoes/CEI_88_Artigo2.pdf>. Acesso em: 12 dez. 2017.

OLIVEIRA, M. L. *A criança e o adolescente na atualidade e a psicologia do educador*. São Paulo: UNESP, 1998. Disponível em: <seer.fclar.unesp.br/tes/article/download/9858/6523>. Acessado em: 12 dez. 2017.

PASTORE, M. I. *A clínica atual com crianças e adolescentes*. [S.l.]: FLAPPSIP, 2017. Disponível em: <http://flappsip.com/site/?page_id=965>. Acesso em: 12 dez. 2017.

TORÓS, D. *Desafios atuais da psicologia clínica*. [S.l.: s.n., 2017?]. Disponível em: <http://www.profala.com/artpsico55.htm>. Acesso em: 12 dez. 2017.

Leitura recomendada

MOREIRA, J. O.; ROMAGNOLII, R. C.; NEVES, E. O. O surgimento da clínica psicológica: da prática curativa aos dispositivos de promoção da saúde. *Psicologia:* Ciência e Profissão, Brasília, v. 27, n. 4, p. 608-621, dez. 2007. Disponível em: <http://pepsic.bvsalud.org/scielo.php?script=sci_arttext&pid=S1414-98932007001200004>. Acesso em: 27 nov. 2017.

O amadurecimento da infância: início da adolescência

Objetivos de aprendizagem

Ao final deste texto, você deve apresentar os seguintes aprendizados:

- Definir o conceito de criança.
- Definir o conceito de adolescência.
- Identificar as principais características da passagem da infância para a adolescência.

Introdução

Neste capítulo, você vai estudar sobre as fases da da infância e da adolescência, fases complexas, marcadas por inusitados e inconstâncias de um indivíduo que não é linear e que está em constante transformação. É fundamental, principalmente para um educador, apropriar-se de características que demarcam as fases do sujeito, para pautar-se, buscar sustentações teóricas e elaborar intervenções em sua prática profissional.

Nesta perspectiva, serão traçadas as principais características que demarcam a passagem da infância para a adoles cência, com seus atravessamentos, estranhamentos e reconhecimentos, inclusive no e para o processo de construção do conhecimento, seja no contexto escolar ou em outros espaços.

Sobre o conceito de criança

Para falar sobre o conceito de criança, iniciemos com a Constituição brasileira de 1988, que concebe a criança em sua condição própria de modo mais abrangente, tendo suas particularidades atendidas na lei. Vale enfatizar que essa conquista foi resultado da participação dos movimentos sociais e trabalhistas em embates políticos na luta por uma educação de qualidade e acessível a todos; a partir desse cenário, surge a preocupação e a necessidade de políticas públicas voltadas para a educação da criança como direito, que oferecessem maior estrutura e qualidade.

Com o objetivo de fixar e garantir os direitos das crianças, foi criado o Estatuto da Criança e Adolescente (ECA) promulgado em 13 de julho de 1990, pela Lei n. 8.069, em cumprimento constitucional, e que em seu artigo 1º diz que "Esta lei dispõe sobre a proteção integral à criança e ao adolescente" (BRASIL, 1990). Nos artigos 3º e 4º, a proteção integral se refere ao desenvolvimento e à formação nos aspectos: cognitivos, afetivos, físicos, sociais, moral, espiritual e cultural em condições de liberdade e dignidade. Esse estatuto reconhece a criança na infância e o adolescente na adolescência como pessoas de direito a gozarem de todos os demais direitos fundamentais à pessoa humana: direito à vida, à saúde, à alimentação, ao esporte, ao lazer, à profissionalização, à cultura, à dignidade, ao respeito e à conivência familiar e em comunidade (BRASIL1990).

No ECA (BRASIL, 1990), encontramos o conceito de criança como a pessoa até os doze anos de idade incompletos, sendo reconhecida a sua infância em condições dignas de existência como sujeito de direitos. A partir desse reconhecimento legal sobre a criança e infância, um novo movimento começa a despontar em favor da educação de crianças e, assim, estudiosos e pesquisadores manifestaram suas concepções sobre essa fase de desenvolvimento.

Barbosa (2009) aponta que a promoção dos direitos das crianças à educação e à infância começa a ser efetivada desde a defesa de princípios como a equidade e a qualidade no atendimento até a definição da proposta pedagógica dos estabelecimentos de educação infantil enquanto promotores dos direitos humanos, especialmente os dos bebês e das crianças pequenas.

A autora aborda, ainda, que durante muitos anos, na educação brasileira, tratamos os conceitos de infância e criança como semelhantes. Os estudos, no campo da história da infância, foram os primeiros a apontar a diferença entre esses dois conceitos, mostrando como eles foram formulados em momentos distintos. Sabemos que as crianças sempre existiram como seres humanos de pouca idade, mas que as sociedades, em momentos diferentes da história, criaram formas de pensar sobre o que é ou como deve ser a vida nessa faixa de idade.

O conceito de infância foi concebido e tratado de diferentes maneiras em diferentes momentos e lugares da história da humanidade. De acordo com Lajolo (apud CAMARGO; RIBEIRO, 1999), a palavras infante, infância e demais cognatos, em sua origem latina e nas linguagens daí derivadas, recobrem um campo semântico estreitamente ligado à ideia de ausência de fala, de opinião. Essa noção de infância que está ligada à criança como qualidade ou estado infante, isto é, aquele que não fala, constrói-se a partir dos prefixos e radicais linguísticos que compõem a palavra *in* (prefixo, que indica negação), e *fante* (particípio, presente do verbo latino *fari*, que significa falar, dizer).

Para Kramer (2006, p. 13), "[...] a infância é entendida como período da história de cada um, que se estende na nossa sociedade, do nascimento até aproximadamente dez anos de idade [...]". Em outra obra, Kramer (1999) tem defendido uma concepção que reconhece o que é específico da criança, da infância, que é o poder de imaginação, fantasia e criação. Contudo, entende "[...] as crianças como cidadãs, pessoas que produzem cultura e são nela produzidas, que possuem um olhar crítico que vira pelo avesso a ordem das coisas subvertendo essa ordem [...]" (KRAMER, 1999, p. 272).

Na perspectiva de tais conceitos, vale ressaltar que a criança constrói suas crenças em um estilo individual, pessoal, único, singular, devido à sua vivência e à sua representação de mundo, diferente da representação de mundo do adulto. A criança pequena explica o mundo relacionando os fenômenos com a sua pessoa: segundo suas próprias ações e funções.

Na atualidade, com todos os avanços e conhecimentos que temos agregado em nossas vidas, cada vez mais, temos concebido as crianças como seres humanos concretos, um corpo presente no aqui e agora em interação com outros e, portanto, com direitos civis.

O conceito de adolescência

O adolescente está sempre se perguntando, de maneira insistente, a respeito de diversas angústias que o acometem: quem sou? O que desejo? O que fazer para que os outros percebam que sou um sujeito com sonhos, vontades e escolhas próprias? Tais perguntas desafiam os adolescentes que se encaminham para a vida adulta (Figura 1).

A despedida da infância ocorre em um momento indeterminado, não está assinalada no calendário. É um processo que se inicia por volta dos 11 ou 12 anos, com a chegada da puberdade, e termina quando a pessoa se sente adulta, isto é, quando não tem medo de assumir responsabilidade por seus atos e quando é reconhecida como tal.

Figura 1. Adolescência, fase de inúmeras mudanças corporais e comportamentais.
Fonte: Syda Productions/Shutterstock.com.

Nessa fase, ocorrem mudanças no corpo, no comportamento e nos estados emocionais. O jeito de encarar o mundo, a família e os amigos se transforma – tudo ao mesmo tempo, em um turbilhão incontrolável de sentimentos.

Nesse caminho tão acidentado, há ainda obstáculos que, muitas vezes, exigem mais do que é possível fazer no momento. Há situações em que a solução parece uma missão impossível, e é aí que dá vontade de voltar a ser criança, de não crescer. Seria bom se existisse uma poção mágica que fizesse a gente ser pequeno quando as coisas apertam e grande quando a ocasião parece feita para isso, mas a realidade é diferente e, muitas vezes, traz frustrações. Apesar disso, deve-se reconhecer que traz, também, alegrias e muitas descobertas fantásticas.

De acordo com Azevedo (2003), a adolescência começa com as primeiras mudanças do corpo, que é o início da puberdade. Sentimos que não somos mais crianças, mas ainda não somos bem-vindos ao mundo adulto. Muitas vezes, também, não nos sentimos confortáveis no papel de adultos e gostaríamos de voltar a ser crianças. Nossos pais continuam a nos amar e a nos proteger, os professores de adolescentes sempre se preparam e se capacitam para nos acolher e nos conduzir em nosso processo educacional. Nosso corpo fica estranho, não é mais o corpo que conhecíamos tão bem: parece que sobram pernas e braços, tropeçamos em tudo, aparecem pelos, os seios das meninas começam a crescer, elas menstruam e surgem espinhas horrorosas – a gente se olha no espelho e não se reconhece.

É difícil ter clareza sobre essas mudanças. O adolescente intui que elas estão ocorrendo, mas como elas fazem parte de um processo que leva alguns anos para acontecer, fica difícil para os adultos e para os próprios adolescentes ter consciência dessas transformações.

Por volta dos 10 ou 11 anos, a criança percebe que já não é mais pequena. Quer dizer, ela tem quase certeza de que já é grande. Quem tem 11 ou 12 anos é grande e quer ser tratado como tal. É por volta desse período que começam as mudanças físicas: no início, nem dá para notá-las, depois, já começa a perceber que a calça ficou curta e a manga do moletom também.

Azevedo (2003) afirma que as mudanças que fazem parte desse processo não são sinal de rebeldia, mas sinal de que começamos a perceber que somos pessoas com personalidade própria, com gostos próprios, opiniões e com a possibilidade de fazer algumas escolhas – estamos começando a buscar nossa identidade.

Nesse período de transformações, os hormônios estão trabalhando a todo vapor e provocam muitas oscilações de humor. São mudanças metabólicas, em que novas substâncias circulam pelo corpo e interferem até mesmo em nosso astral. Além disso, são esses hormônios que fazem aparecer pelos, aumentar os seios, surgir as espinhas e que dão uma fome quase incontrolável. São também os hormônios de crescimento que trabalham incessantemente, porque tudo cresce em nosso corpo até que termine o processo de puberdade e as cartilagens ósseas se fechem.

Reflexões pertinentes ao ambiente escolar

De acordo com Azevedo (2003), as circunstâncias sociais, muitas vezes, trazem ao ser adolescente uma série de vivências que poderão moldá-lo diante de condutas e comportamentos; no entanto, esse ser que carrega tantas possibilidades de aprendizagens se vê diante da oportunidade de problematizar vários aspectos que estão ao seu redor. Assim, viver nessa sociedade não implica somente acostumar-se, mas questionar, buscar novas ideias, novas fórmulas, novas maneiras, inclusive de ser adolescente.

A cultura escolar hoje, ainda cultua e gira em meio a várias identidades fixas e imóveis, explicitadas como inabaláveis ou até mesmo implícitas com aparências de mudanças. Abalar essas identidades seria o "pontapé" inicial para o surgimento de novas ideias, novas metodologias de ensino, novas atitudes e novos olhares sobre a adolescência. Ocorreria o nascimento de novas políticas identitárias dentro da escola, políticas essas que reformulariam e poderiam permitir novos redirecionamentos ao contexto escolar.

É importante considerar a desconstrução como fundamental e necessária, visto que para qualquer que seja a análise desconstrutiva no contexto escolar, inclusive frente à adolescência, esta não visará a destruição de algo ou do aspecto analisado com o intuito de colocar-se contra ele, de derrotá-lo, de criticá-lo negativamente, como se pretendesse, ao seu final, descartar tal informação ou traçar um indiscutível mapa da verdade. A pretensão deverá girar acerca da necessidade de apresentar o caráter produtivo da desconstrução para vislumbrar e acolher novas formas de ser do sujeito.

A possibilidade de desconstruir aspectos intitulados como únicas verdades traz consigo outro fato primordial e necessário, que é conceder ao outro a possibilidade de agir de maneira diferente, criar novas formas e oportunidades, ter novos acessos e novos olhares. Nessa perspectiva, a escola necessita desvendar-se frente ao preconceito e abraçar a diversidade trazida pela adolescente: estilos, ideias, músicas, etc. para, assim, fazer do seu espaço um local de acolhimento e de aprendizagem.

O educador que não considera as singularidades e especificidades existentes em seu âmbito escolar, inclusive de seus adolescentes, enfatiza aspectos de poder e desigualdade, dando continuidade a uma corrente histórica de preconceitos e discriminações. O educador se torna conivente com injustiças que, por muitas vezes, acontecem comumente e parecem ser irreversíveis, pois tomam uma dimensão cultural e são vistas com legitimidade.

Assim, enquanto educadores, é importante buscarmos rever e problematizar verdades tidas como absolutas dentro da escola no que tange à temática adolescência. É preciso incitar a participação, reafirmar os direitos dos cidadãos à educação, cientes de que não existe um final para esse trabalho, mas um exercício constante de repensar atitudes e comportamentos.

Da infância para a adolescência: a escola e as escolhas

O trânsito entre a infância e a adolescência, por vezes chamado de pré-adolescência, convoca-nos a refletir a respeito de determinados pontos, como os explicitados a seguir:

- Pais ou responsáveis se veem confusos frente às atitudes que devem ter com os filhos que já não são mais crianças, mas que ainda não são adultos. Muitas vezes, embaraçam-se na hora de delimitar regras e apontar obrigações.

■ O pré-adolescente, no entanto, transita entre alguns aspectos ainda arraigados da fase infantil e outros que se identificam mais com a fase da adolescência, tais como autonomia e independência.

Passado esse momento de transição, emerge a adolescência, que é marcada fortemente como uma fase de escolhas, entre as quais uma das mais difíceis é a da profissão, que ocorre justamente no momento em que estamos descobrindo quem somos, o que pensamos e o que queremos da vida.

A entrada na adolescência, ou pré-adolescência, geralmente, começa quando os alunos estão no sexto ano do Ensino Fundamental. Nesse momento, a escola lhes propõe um número maior de professores, ou seja, geralmente um professor para cada disciplina; muitas vezes, a ludicidade vai perdendo lugar para uma quantidade maior de conteúdos e, ainda, as formas de avaliação passam a ser diversificadas.

Por volta dos 14 ou 15 anos, vem uma nova mudança – é a passagem para o Ensino Médio. Muitas vezes, a mudança de ciclo é acompanhada pela troca de escola, o que significa deixar para trás os amigos e um ambiente que se domina para enfrentar um novo universo, novas caras, novas regras. A isso se soma a expectativa crescente dos pais, da escola e do grupo no que diz respeito ao nosso futuro.

Dessa forma, algumas perguntas começam a surgir: o que quero ser? O que querem que eu seja? O que esperam de mim? Como fazer aquilo que quero sem decepcionar meus pais ou meus professores?

De acordo com Azevedo (2003), é justamente nessa fase tão complicada que o jovem está afirmando seus valores religiosos, políticos e filosóficos. Nesse momento, surgem conflitos internos e que são conflitos de interesse, porque nos deparamos, muitas vezes, com desejos incompatíveis. Para o adolescente, é muito difícil aceitar que, ao fazer uma escolha, ao decidir por um caminho, ele está abortando outras possibilidades. A adolescência se caracteriza por uma onipotência e dá a impressão de que é possível fazer tudo, de que se dá conta de tudo.

A adolescência é assim: transformações constantes, um período de muita agitação interna, um desencontro com o corpo, um humor que muda a toda hora, muitas dúvidas e muitos medos que acompanham sempre tudo aquilo que é novo e desconhecido.

O crescimento não é um movimento linear; a adolescência é um período de aprendizagem sobre como lidar com os novos mecanismos, os novos fatos, as novas emoções, as novas formas de relacionamento.

A questão do gênero: da infância à adolescência

As críticas e discussões acerca das questões de gênero que envolvem o contexto escolar, mais precisamente nas modalidades da infância e da adolescência, apresentam-se diante de uma complexidade que passam pela falta de informação, a intolerância, o repasse ideológico e preconceituoso de discursos e condutas, chegando a ações discriminatórias.

As crianças e os adolescentes devem ter, em seu processo de formação, a possibilidade de acesso ao novo, de contato com novos princípios para, assim, perceberem e terem condições de reelaborarem suas ideias.

De acordo com Silva (1992), gênero se refere à dimensão do processo de diferenciação sexual, não estando restrito somente a aspectos biológicos, e sim aos aspectos culturais e sociais das relações entre os sexos.

Os teóricos que discutem as relações de gênero apresentam uma diversidade de perspectivas que refletem a influência de cada época e contexto:

> [...] pela negociação entre os gêneros é fundamental não só para a construção de um novo pacto ético, mas para a própria construção de um ser humano menos fragmentado entre um lado supostamente masculino, ativo e racional e outro feminino, passivo e emocional. A superação da lógica binária contida na proposta da análise relacional do gênero, nesta direção, é fundamental para que se construa um novo olhar aberto às diferenças (RAGO, 1998, p. 93).

Cramer, Brito e Cappelle (2004) ressaltam que as primeiras abordagens sobre gênero consideravam as características biológicas de cada sexo como responsáveis pela desigualdade entre eles. Com o passar do tempo, começa-se a entender o gênero como um produto construído pela socialização e pelo acesso a experiências diferentes por homens e mulheres. Com base nessas considerações, pode-se perceber as conquistas e, consequentemente, as ressignificações acontecidas com relação aos gêneros. Ainda assim, fazem-se necessárias análises e problematizações do comportamento de homens e mulheres que busquem desconstruir verdades.

É importante ressaltar que as crianças começam a construir seus significados desde bem pequenas, quando já são definidos e repassados a elas os papéis que devem exercer na sociedade, com a atribuição de condutas femininas e masculinas. Isso pode ser observado desde a Educação Infantil, na qual a maioria das crianças, induzidas pela sociedade, já relata suas cores preferidas – azul para meninos, rosa para meninas –, seus brinquedos preferidos – carrinho para os meninos e bonecas para as meninas – e, ainda, os discursos que reproduzem, sempre carregados de diferenciações e preconceitos entre homens e mulheres.

Os adolescentes, em seu processo de formação, são invadidos por uma imensidão de sentimentos, conflitos e mudanças; estão em uma fase delicada, que precisa ser ouvida, considerada e acompanhada. Sua vulnerabilidade se defronta com uma série de imposições que causam violência diante das pressões sofridas. É importante que haja reflexões que considerem o adolescente como sujeito que também vive as contradições sociais, culturais e políticas, como um ser capaz de ser protagonista de sua história, podendo desconstruir e reconstruir aspectos culturais de sua identidade, transformando-a, criando novas oportunidades e tendo novas vivências.

A escola, muitas vezes, em seu processo de ensino-aprendizagem, posiciona-se como uma reforçadora de condutas e comportamentos discriminatórios no que diz respeito às questões de gênero, sem, no entanto, avançar em novos significados e novas representações, continuando arraigada em paradigmas normatizadores.

A escola, até mesmo em sua composição, apresenta com clareza a divisão entre os gêneros, visto que a maioria dos profissionais que atua nas modalidades de Educação Infantil e Ensino Fundamental nos anos iniciais é de mulheres – sendo que, para a parte masculina, é mais comum o trabalho em Educação Física. É escasso o professor homem na regência das salas de aulas da educação básica, um número pouco considerável e uma situação pouco discutida, e que possivelmente está relacionada ao fato de que a educação das crianças é atribuição das mulheres, uma visão machista e heteronormativa.

É fato que muitas pessoas são resistentes às mudanças e às novas ideias, seja por medo ou mesmo por acomodação. Talvez sejam essas as características que assombram a educação e aniquilam as possibilidades de continuidade e transformação. Priorizar o desejo por mudanças e novas perspectivas deve ser um argumento primordial para as pessoas inseridas no contexto educacional e, para que isso ocorra, faz-se necessária a ferramenta da desconstrução, pois é só a partir dela que poderão surgir aspectos que norteiem novas propostas educacionais e olhares renovadores sobre inúmeros assuntos dentro da educação.

Referências

AZEVEDO, G. *Adolescência*. São Paulo: Scipione, 2003.

BARBOSA, M. C. S. (Consult.). *Práticas cotidianas na educação infantil*: bases para reflexão sobre as orientações curriculares. Brasília: MEC, 2009. Disponível em: <http://portal.mec.gov.br/dmdocuments/relat_seb_praticas_cotidianas.pdf>. Acesso em: 19 dez. 2017.

BRASIL. *Lei nº 8.069, de 13 de julho de 1990*. Dispõe sobre o Estatuto da Criança e do Adolescente e dá outras providências. Brasília: Presidência da República, 1990. Disponível em: <http://www.planalto.gov.br/ccivil_03/leis/L8069.htm>. Acesso em: 15 jan. 2018.

CAMARGO, A. M. F.; RIBEIRO, C. *Sexualidade(s) e infância(s)*: a sexualidade como um tema transversal. São Paulo: Moderna: Campinas, 1999.

CRAMER, L.; BRITO, M. J.; CAPPELLE, M. C. A. *Relações de gênero no espaço organizacional*. Lavras: UFLA, 2004.

KRAMER. S. A infância e sua singularidade. In: BRASIL. Ministério da Educação. *Ensino Fundamental de nove anos*: orientações para a inclusão da criança de seis de anos de idade. Brasília: FNDE, 2006.

KRAMER, S. Infância e educação: o necessário caminho de trabalhar contra a barbárie. In: KRAMER, S. et al. (Org.). *Infância e educação infantil*. Campinas: Papirus, 1999.

RAGO, M. Descobrindo historicamente o gênero. *Cadernos Pagu*, Campinas, v. 11, p. 89-98, 1998.

SILVA, T. T. *O que produz e o que reproduz em educação*: ensaios de sociologia da educação. Porto Alegre: Artes Médicas, 1992.

Leituras recomendadas

MAIA, J. N. *Concepções de Criança, Infância e Educação dos Professores de Educação Infantil*. 2012. 135 f. Dissertação (Mestrado em Educação) – Universidade Católica Dom Bosco, Campo Grande, 2012. Disponível em: <http://site.ucdb.br/public/md-dissertacoes/11459-janaina-nogueira-maia.pdf>. Acesso em: 15 dez. 2017.

MIRANDA, M. P. *Adolescência na escola*. Belo Horizonte: Formato, 2001.

OLIVEIRA, M. L. *A criança e o adolescente na atualidade e a psicologia do educador*. São Paulo: UNESP, 1998. Disponível em: <seer.fclar.unesp.br/tes/article/download/9858/6523>. Acesso em: 12 dez. 2017.

POSTMAN, N. *O desaparecimento da Infância*. Rio de Janeiro: Graphia, 2011.